Healing
영문법과 독해 기초다지기

저자약력

최 영 임　영어 학습전략 코칭 연구소 소장
　　　　　경희대 사회교육원 〈성격유형별 영어 학습전략 코칭 전문가〉
　　　　　〈영어 학습전략 상담사〉 전담교수
　　　　　방송대 대학원 실용영어학과 〈영어교수법 세미나〉 튜터
　　　　　한라대, 경인여대, 방송대(영어학 전공) 강사
　　　　　경희대 영어학 전공 박사수료
　　　　　한국 MBTI 연구소 일반강사
　　　　　사군자 기질검사 전문가
　　　　　한국직업능력개발원 평가위원, 심사위원
　　　　　경희대 대학원 신문사 편집장 역임

　　　　　홈페이지 : http://cafe.daum.net/openstudy1
　　　　　이 메 일 : rigolove@hanmail.net

황 욱 선　서강대학교 대학원 경영학 박사
　　　　　한라대학교 교수
　　　　　삼성 및 LG 그룹 근무
　　　　　노동부 심의위원
　　　　　한국잡월드 심사위원
　　　　　한국산업인력관리공단, 한국직업능력개발원 평가위원
　　　　　의왕시 예산결산 및 정책자문위원
　　　　　공무원시험 출제위원

　　　　　저서 : 『머·피·공 TOEIC』 외 다수

Healing 영문법과 독해 기초다지기

2013년 2월 25일 1판 1쇄 인쇄
2013년 2월 28일 1판 1쇄 발행

공　저　최 영 임·황 욱 선
펴낸이　강 찬 석
펴낸곳　도서출판 **나노미디어**
주　소　150-838 서울시 영등포구 신길동 194-70
전　화　02-703-7507　팩　스　02-703-7508
등　록　제8-257호
ISBN 978-89-89292-40-1　13740

정가 13,000원

저작권법에 의해 보호를 받는 저작물이므로 무단 전재와 복제를 금합니다.
잘못된 책은 교환해 드립니다.

영문법과 독해
기초 다지기

최영임·황욱선 공저

Nano Media 나노 미디어

들어가는 말

　안타까운 한 학생이 있었다. 여러 선생님들이 그 한 학생을 위해 특별히 시간을 내어 열심히 가르쳤는데도 아이의 성적은 계속 하락했다. 그리고 그 학생은 어머니의 손에 이끌려 내게 왔다. 학생과 어머니의 성격검사를 한 후 학생의 기질에 맞는 영어 학습 방법을 알려줌과 동시에 가족 상담을 권했다. 몇 달 후 어머니로부터 전화가 왔다. 상담만 받았는데 자녀의 성적이 올라가기 시작했고, 더불어 가족관계도 좋아졌다는 것이다. 이제야 행복이 무엇인지 알겠다며 고마움을 전했다.

　공부를 포함한 모든 것은 다 마음의 문제다. 내 마음이 건강하면 적극적으로 학습에 임하게 된다. 그 다음이 방법의 문제다. 대부분의 사람들이 영어에 대한 이해 부족으로 무작정 단어 외우고, 문법을 암기하는 등 주입식으로 공부하다가 영어에 질리게 되고, 실패 경험을 거듭한다. 이들에게 방향을 제시하고 문제의 원인을 진단해 줄 사람이 필요했다. 그리고 그들로부터 쉬운 문법과 독해 교재를 추천해 달라는 요청을 끊임없이 받아왔다. 성인에게 적합한 영문법과 독해 교재가 절실히 필요함을 느꼈고, 교재를 만들기 위해 2009년부터 작업을 시작했다. 그러던 중 내게 행운이 찾아왔다. 황욱선 교수님께서 함께 우리 학생들에게 적합한 수업교재를 만들어 보자는 제안을 해주신 것이다.

　기존의 영어교재는 모두 영어 전공자들이 개발한 것들이었다. 이 책은 철저하게 영어 전공자가 아닌 사람들의 시각에서 접근했다. 영어 전공자들은 외부 시각에 어두울 가능성이 높기 때문이다. 4년 동안 학생들의 눈높이에 맞춰 매주 만든 자료로 프린트 수업을 하고, 학생들의 반응을 살피면서 수업자료를 수정하고, 다시 만들기를 무수히 반복했다. 그러면서 학생들의 수준과 그들이 진정 원하는 내용을 조금씩 알게 되었다. 그동안 1,000여 명의 학생들의 설문조사, 발표, 레벨 테스트, 중간고사, 기말고사, 과제 등을 통해 그들이 원하는 것이 무엇이고 필요한 부분이 무엇인지 연구했고, 그 결과물이 바로 이 책이다. 황욱선 교수님과 학생들의 생각이 교재 곳곳에 향기처럼 배어 있다. 그래서 내게는 더욱 소중하고 의미 있는 책이다.

　처음부터 끝까지 꼼꼼하게 영어 부분을 교정해준 경인여자대학교 Ellis Bradley 교수와 나의 제자이자 이 책의 일러스트인 이혜진 학생, 그리고 무엇보다도 이 책이 나오도록 물심양면으로 지원을 아끼지 않으신 황욱선 교수님께 감사의 마음을 전한다.

　또한 이 자리까지 올 수 있도록 무한한 가르침을 주신 경희대학교 영어학부 조세경 교수님, 한국방송통신대학교 영문학과 박윤주 교수님, 경인여자대학교 이상권, 이선표, 김봉기, 김완섭, 최영규, 김형건, 전은실, 홍진주 교수님, 카운셀링센터 소장님이시자 나의 멘토이신 김헌환 목사님, 늘 기도와 말씀으로 새 힘을 주시는 서둔교회 정선태 목사님, 동천교회 이규필 목사님과 사모님, 비전교회 백광현 목사님과 김정자 전도사님, 세상에서 가장 존경하는 시부모님 강충용 장로님과 김순분 집사님, 사랑하는 나의 부모님 최철수 목사님과 강송희 사모님, 방송대에서 맺어준 인연 최윤철 아버지와 김호숙 어머니, 내 동생 최태리, 나의 분신 전영지, 그리고 마지막으로 세상에서 가장 소중한 나의 반쪽 강병하 집사님께 감사와 사랑의 마음을 담아 이 책을 냅니다.

2013년 2월
암사동 연구실에서　최 영 임

머리말

 2010년 기관 평가를 하면서 당시 내용전문가였던 최영임 교수님을 처음 만났다. 교수님은 다른 평가위원과 달랐다. 평가 받는 기관에 필요한 내용을 미리 정리해서 프린트로 준비했고, 그것을 자세한 피드백과 함께 평가기관에 주는 모습이 인상 깊었다. 이듬해 우리 학과 학생들의 교양필수 〈영문법과 독해〉 과목을 맡아 달라고 제안했다.

 최영임 교수님은 역시 달랐다. 수업 첫날 MBTI 검사를 하여 학생들의 특성을 파악했고, 성격유형을 출석부에 일일이 기재했다. 학생들의 요구에 맞춰 매주 수업교재를 만들고, 단어 시험을 보고, 팝송을 외우게 하고, 자서전을 써서 내라고 했다. 그 자서전은 각 학생의 성격유형에 따라 학습방법을 알려주고, 영어의 오류도 수정해주며, 고민 상담도 해주는 등 학생과 교수가 1 대 1로 편지를 주고받는 과제였다. 그런 모습을 보면서 그 내용을 교재로 만들면 좋겠다는 생각을 했고, 우리는 매주 메일을 주고받고, 전화통화를 하면서 각 장의 구성부터 시작해서 내용, 난이도, 접근 방식, 나의 의견과 학생들의 아이디어에 이르기까지 수많은 교류를 했다. 영어 전공자들은 학습자가 알 거라고 가정하고 수업을 하거나 교재를 만드는 경향이 있다. 그러나 이 책은 철저히 비전공자인 나와 학생들의 시각에서 만들어졌다.

 이 교재는 〈Today's saying〉으로 시작한다. 수업에 들어가기 전 학습자로 하여금 마음을 안정시키고, 자신을 되돌아보는 Healing의 순간을 제공한다. 먼저 마음이 열려야 효율적인 학습이 가능하기 때문이다. 〈Key point〉에서 어떤 개념이 중요하고, 각 단원에서 배울 내용이 무엇인지 제시한다. 이로써 학습자는 배경지식을 동원해 자신의 지식을 수업에 활용할 마음의 준비를 하게 된다. 〈Grammar〉 내용은 내가 기존에 영어를 배우면서 도움이 되었던 부분과 최영임 교수님의 노하우, 학생들의 의견을 반영해 이해하기 쉽도록 이야기로 풀어썼다. 무조건 외우는 것이 아니라 왜 그런 문법이 생겼는지 자연스럽게 알게 될 것이다. 특히 〈Story Book〉은 다른 책에서 볼 수 없는 독특한 방식으로 구성했다. 먼저 내용파악을 위해 한글 지문 속에 중요 어휘는 영어로 남겼다. 재밌는 이야기를 따라가며 단어를 유추하다 보면 자연스럽게 그 단어를 암기하게 될 것이다. 또한 〈Grammar〉에서 배운 내용을 적용할 수 있다. 독해에 나오는 주요 단어를 매 단원마다 새로운 어휘 게임을 넣어 한 번 더 반복학습이 가능하도록 했다. 그리고 〈TOEIC exercise〉에서 자신의 실력을 최종 점검한다. 이렇듯 각각 다른 방식으로 세 번의 반복학습을 하게 된다. 마지막으로 〈Tips for learning〉에서는 영어 학습에 어려움을 겪는 학습자의 고민을 듣고, 영어교육 전공자이자 학습상담 전문가의 시각에서 문제점을 진단하고 해결책을 제시한다.

지금까지 이런 교재는 없었다. 이제 여러분은 이 새로운 교재를 통해 다시 영어 학습에 재미를 느끼고, 문법을 어려워하지 않으며, 이야기와 게임을 통해 독해의 기초를 다지면서 단어를 더 효과적으로 외우고, 자신의 성격유형에 적합한 영어 학습 방법을 찾는 여정을 시작하기 바란다.

제자 최우종, 교환학생이었던 아들 황상원 군과 함께 『머·피·공 TOEIC』을 저술할 때와 마찬가지로 철저히 학생 입장에서 생각했다. 공동저자 최영임 교수님은 저술의 처음부터 끝까지 중심이 되어 최선을 다하셨다. 요즘 보기 드문 인성을 소유한 분이셨기에 저술이 가능했다. 이 책에도 제자 최우종 군과 입시에 정신없이 바쁜 아들 황상원 군에게 청소년 입장에서 재밌게 즐길 수 있는 저술 집필 아이디어를 부탁했다. 그리고 작년부터 전원주택의 향기를 같이 하고 있는 아래층의 가족 같은 건축기술사 쉰들러 이창우 이사님과 박명숙 사모님께 감사함을 드린다. 인생의 반을 넘길 때까지 함께하고 있는 평생 동반자 뷰티전공 신동금 선생님께 사랑한다는 말을 전한다.

2013년 2월
홍업면 연구실에서 황 욱 선

차례

01 영어에 대한 이해 — 12
1. 영어와 다른 과목과의 차이 — 14
2. 말하기·듣기와 읽기·쓰기 — 16
3. 한국의 영어교육 상황 — 17
4. 이 책의 구성 — 19

02 8품사와 문장성분 — 28
1. 8품사 : 명동에 사는 대형부가 인터넷에 접속했다가 감전된 사건! — 30
2. 관사와 조동사 — 33
3. 한국어와 영어의 차이 : 음절박자 언어와 강세박자 언어 — 35
4. 문장의 구성과 문장성분 — 37

03 관사와 명사 - 관사는 명사의 짝꿍 — 58
1. 관사(Article) — 60
2. 명사(Noun) — 65

04 대명사 … 74
1. 인칭대명사(Personal pronoun) … 76
2. 지시대명사(Demonstrative pronoun) … 82

05 동사와 조동사 … 92
1. 동사(Verb) … 94
2. 조동사(Auxiliary verbs) … 104

06 형용사와 부사 - 꾸며주는 말 … 116
1. 형용사(Adjective) … 118
2. 부사(Adverb) … 121
3. 비교급(Comparison) … 123

차례

07 접속사와 관계대명사 — 134
1. 접속사(Conjunction) — 136
2. 관계대명사(Relative pronoun) — 139

08 전치사 — 148
1. 전치사의 역할 — 150
2. 전치사의 용법 — 151

09 동명사 - 동사의 특성을 갖고 있는 명사 — 164
1. 동명사의 기능 — 166
2. 동명사의 관용적 표현 — 168
3. 동명사와 to 부정사의 비교 — 169

10 to 부정사 — 178
1. 명사적 용법 — 180
2. 형용사적 용법 — 181
3. 부사적 용법 — 182

11 분 사 — 192
1. 현재분사와 과거분사 — 194
2. 한정적 용법과 서술적 용법 — 195
3. 분사 구문 만들기 — 197

12 가 정 법 — 208
1. 가정법 현재 — 210
2. 가정법 과거 — 211
3. 가정법 과거완료 — 212
4. 혼합가정법 — 213

Game 및 TOEIC 정답 — 220

01 Healing

Today's Saying

When I didn't get the result I wanted despite my best efforts, it wasn't because the efforts were wrong, but because more efforts were needed.

열심히 노력했음에도 원하는 결과가 나오지 않는 것은 그 노력이 잘못됐기 때문이 아니라 아직 더 해야 할 노력이 남아 있었기 때문입니다.

- So-yeon, Yi, First Korean Astronaut/
Translated by Sun-ae, Kim

영어에 대한 이해

영어공부를 열심히 했는데도 원하는 결과가 나오지 않은 적이 많을 것이다. 정확한 이유도 모른 채 실망하여 포기하기도 하고, 다른 방법을 찾아보기도 했을 것이다. 이젠 이 책을 통해 전문가가 제시하는 방법에서 자신의 문제점을 찾고, 새로운 관점에서 노력해보길 바란다.

- not A but B   A가 아니라 B다
- effort   노력
- result   결과
- astronaut   우주비행사

Keypoint

영어 학습시간과 성적향상 그래프(English learning graph), 영어 공부를 해도 성적이 오르지 않는 잠복기(silent period)

Grammar

I. 영어와 다른 과목과의 차이

나는 영어 학습을 어떻게 하고 있는가? 수학이나 국사를 공부하는 방식과 똑같이 학습하고 있는지 스스로에게 자문해 보자. 영어는 기본적으로 언어다. 이것은 모국어인 한국말도 언어라는 뜻이다. 아이가 한국어를 배우는 과정을 생각해보자. 영어라는 과목을 공부하기에 앞서 언어에 대한 이해가 필요하다. 그래야 영어를 어떻게 공부해야 하는지 알게 된다.

먼저 아래의 학습시간과 성적향상 그래프(learning graph)를 살펴보자. 다른 과목과의 차이점을 한눈에 알 수 있을 것이다. 가로축은 학습에 투자한 시간을 의미하고, 세로축은 시간투자 대비 성적향상 정도를 나타낸다.

영어 학습시간과 성적향상 그래프

영어 이외의 다른 과목(국사, 수학 등)

위 표에서 나타나듯이 다른 과목은 시간투자 대비 성적이 꾸준히 오르는 것을 알 수 있다. 하지만 영어라는 과목은 영어 공부를 아무리 해도 성적이 바로 오르지 않는다. **성적이 오르지 않고 현재 상태를 유지하는 기간**을 잠복기(silent period)라고 한다. 이런 잠복기를 견뎌야만 성적이 오르는 것을 비로소 느낄 수 있다. 이 잠복기는 연령에 따라서 기간이 다르다. 어릴수록 잠복기가 짧다. 매일 영어를 학습한다는 가정 하에 10대는 6개월에서 1년, 20대 이후는 연령과 학습 시간 정도에 따라 약 1년에서 3년까지 잠복기를 갖게 된다. 따라서 성적이 오르지 않아도 그 기간이 잠복기라는 것을 이해하는 것이 중요하다. 공부해도 안 되는 것이 아니다. 묵묵히 그리고 꾸준히 영어를 공부해야 하는 것이다. 안타까운 점은 조금만 더 공부를 하면 잠복기를 지나서 성적이 오르는 것을 느낄 텐데, 이 시기를 견디지 못해서 영어 공부를 포기하는 경우가 많다는 것이다.

이 잠복기를 증명하는 것이 바로 모국어 습득이다. 모국어를 배우는 아동을 생각해보자. 보통의 아기는 태어나서 약 1~2년 정도 잠복기를 갖는다. 이때는 듣기만 한다. 즉, 영어의 listening을 하는 것이다. 그리고 약 1~2년간의 잠복기를 지나면 한 단어 또는 두 단어의 말을 하기 시작한다. 외국어인 영어도 모국어인 한국어와 마찬가지로 잠복기를 갖는다는 것을 이해한다면 공부해도 성적이 오르지 않는 것이 당연하다는 것을 이해할 수 있을 것이다.

5세 아동을 관찰해 보자. 5세 아동은 인지적 능력이 부족하기 때문에 어려운 수학 문제를 풀 수 없다. 또한 신체적인 발달도 아직 이루어 지지 않아서 운동능력도 성인에게 뒤처질 수밖에 없다. 그러나 언어는 다르다. 전 세계의 거의 모든 5세 정도의 아동은 그 나라의 모국어는 완벽하게 구사할 수 있다. 수학이나 국사, 운동을 할 때 사용하는 뇌의 영역과, 언어를 할 때 사용하는 뇌의 영역이 다르기 때문이다. 따라서 영어 공부는 국사나 수학을 공부하는 방식과는 달라야 한다는 것을 이제는 알 수 있을 것이다.

② 말하기·듣기와 읽기·쓰기

국어와 마찬가지로 영어에는 말하기(speaking), 듣기(listening), 읽기(reading), 쓰기(writing)의 네 가지 영역이 있다. 여기서 또 한 가지 알아 둬야 할 사항이 있다. 모국어인 한국어를 먼저 생각해보자. 전 세계의 사람들은 모두 모국어의 말하기와 듣기(spoken language)를 완벽하게 구사한다. 그러나 읽고 쓸 줄 모르는 문맹인은 있다. 종종 옛날 할머니들 중 읽고 쓸 줄 모르는 분들을 만난 경험이 있을 것이다. 과거에는 여자들에게 교육을 시키지 않았기 때문이다. 그 말은 읽고 쓸 줄 모르는 사람은 어느 나라에나 있다는 뜻이다. 즉, 교육을 받지 못하면 읽고 쓰기도 못한다는 것이다. 여기서 우리가 주목할 점은 말하기·듣기는 읽기·쓰기와 다른 영역에 속한다는 것이다. 즉, **말하기·듣기**는 **언어적인 영역**이고, **읽기·쓰기**는 **학문의 영역**이다. 따라서 말하기·듣기를 못해도 배우면 읽고 쓸 수 있다. 즉, 학문의 영역이기 때문에 국사나 수학 공부하듯이 공부하면 가능하다.

위의 그래프는 언어 영역인 영어의 말하기·듣기 학습 시 나타나는 현상이다. 읽기·쓰기는 국사와 수학의 성적향상 그래프와 유사하다. 물론 읽기와 쓰기도 기본적인 어휘나 문법 등을 학습하는데 잠복기가 잠시 있다. 그러나 초반의 잠복기만 잘 견디면 수학이나 국사처럼 시간투자 대비 성적이 오르는 것을 경험할 수 있다. TOEIC 시험을 볼 때 많은 수험자가 듣기 성적(Listening comprehension)은 쉽게 오르지 않는다고 말한다. 그것은 공부를 해도 성적에 변화가 없는 잠복기가 길기 때문이다. 반면 독해 성적(reading comprehension)은 듣기에 비해 어느 정도 공부하면 성적이 빨리 오르는 것을 경험할 수 있다. 이는 독해나 문법은 다른 과목 공부하듯이 열심히 학습하면 성적이 오르는 학문의 영역이기 때문이다. 따라서 듣기와 말하기가 강조되는 최근의 추세에 발맞추기 위해 잠복기가 오더라도 낙심하지 않는 것이 중요하다. 그리고 매일매일 영어를 듣고 말하는 연습을 해야 1~2년 후 실력향상을 비로소 스스로 느낄 수 있을 것이다. 영어는 '감'이기 때문에 그 '감'을 잃어버리지 않기 위해 매일매일 하는 것이 아주 중요하다.

이 교재는 학문의 영역인 영문법을 다룬다. 따라서 열심히 공부해야 한다. 다른 과목 공부하듯이 외우고, 쓰고, 이해하고, 모르는 것은 물어보면서 공부하길 바란다. 그러나 듣기와 말하기 실력을 높이고 싶다면 방법을 달리 해야 한다. 이해가 되지 않아도 계속 듣는 것을 멈추지 말아야 한다. 이는 아기가 알아듣지 못해도 엄마가 아이에게 계속 말해주는 것과 같은 이치다. 알아듣든 알아듣지 못하든 계속 엄마나 주변 사람들의 말을 듣던 아기는 어느 날 말뜻을 알아듣기 시작한다. 이때가 보통 12개월이 지나서다. 따라서 영어도 알아듣건 못 알아듣건 무조건 반복해서 계속 끊임없이 들어야 듣기 실력이 향상될 수 있다. 그리고 학습의 순서가 있다. 듣기를 먼저 한 후 말하기를 하는 것이 일반적인 순서다. 아동이 모국어를 학습하는 것도 마찬가지다. 알아들어야 말을 할 수 있기 때문이다. 학문의 영역인 읽기·쓰기에도 순서가 있다. 먼저 어휘를 암기하고 문법을 이해한 후에야 독해를 할 수 있다. 그 다음 단계가 쓰기다.

〈학습 순서〉
말하기·듣기 듣기 → 말하기
읽기·쓰기 단어암기 → 문법이해 → 읽기 → 쓰기

③ 한국의 영어교육 상황

영어를 잘하기 위해서 한국의 영어교육 상황을 이해할 필요가 있다. 필리핀이나 캐나다는 교실 밖에서도 영어를 사용하는 이중 - 언어(Bilingual) 환경(English for second language)이다.

필리핀은 모국어인 타갈로그(Tagalog)가 있지만 영어를 공용어로 쓰고 있다. 필리핀은 19세기 말부터 20세기 초반까지 미국의 지배를 받았기 때문이다. 그래서 필리핀 사람들은 대부분 영어 회화를 어느 정도 구사할 수 있다. 한국에도 영어교사로서 많은 필리핀 사람들이 활동하고 있다.

캐나다는 과거 영국의 식민지였지만 퀘벡(Quebec) 지역은 프랑스 식민지였기 때문에 영어와 불어가 공용어다. 영화 타이타닉(Titanic) 주제가인 My heart will go on을 부른 셀린 디온(Celine Dion)도 캐나다 퀘벡 출신이라서 불어가 모국어다. 그러나 제2언어(English for second language)로서 영어를 배웠기 때문에 영어를 모국어처럼 구사할 줄 안다. 그 이유는 캐나다가 이중 - 언어 환경이기 때문이다. 즉, 영어

와 불어를 모두 공용어로 사용하기 때문에 교실 밖에서도 영어와 불어를 자연스럽게 접하게 된다.

그러나 한국과 일본의 경우는 상황이 다르다. 한국은 교실 밖에서 영어를 자연스럽게 듣기 어려운 상황(English for foreign language)이다. 한국은 국어라는 단일 언어만을 공용어로 사용한다. 따라서 영어를 접하기 위해서는 본인의 부단한 노력이 필요하다. 영어는 매일매일 꾸준히 공부해야 한다. 언어는 '**감**'이기 때문에 1분이라고 하루도 거르지 말고 매일 듣고, 말하고, 영어 단어를 봐야 한다. 그래야 영어에 대한 감각이 생긴다. 우리가 한국말을 잘하는 것 같지만 한국말을 전혀 사용하지 않고 미국에서 10년 이상 살면 한국어를 말하는 법을 잊어버리게 된다. 그러나 TV를 시청할 수는 있다. 듣기는 한번 귀가 뚫리면 영원히 내 실력이 되기 때문이다. 듣기실력은 자전거를 한번 배우면 언제든 자전거를 다시 탈 수 있는 이치와 비슷하다. 그러나 말하기는 다르다. 말하기는 안하면 잊어버리게 된다. 따라서 한국과 같은 상황에서는 매일 영어에 노출되도록 스스로 1년 이상 부단히 노력해야 비로소 영어를 잘 할 수 있게 된다. 앞으로 〈Tips for learning〉에서 한국과 같이 영어하기 어려운 환경에서 영어를 잘 할 수 있는 여러 가지 방법을 알려 줄 것이다. 이 부분도 숙지하여 본인에게 꼭 적용해 보기 바란다.

4 이 책의 구성

⟨Today's saying⟩

매 장마다 우리의 마음을 울리는 속담이나 격언 등을 다룬다. 우리가 걸어간 길을 먼저 가봤던 선인들의 지혜를 통해 마음의 위안과 새로운 다짐을 할 수 있는 시간을 갖길 바란다. 모든 것은 마음의 문제다. 뭐든지 마음먹기에 달려 있다. 최근 영어교육도 마음의 영역(Affective factor)과 외국어 학습의 성공 간의 관계에 많은 관심을 기울이고 있다. 영어 공부를 시작하기 전, 마음을 가다듬기 위해 ⟨Today's saying⟩이 Healing이 되길 바란다.

⟨Key point⟩

매 장마다 해당 단원에서 꼭 알아야 할 개념에 대해서 미리 열거했다. 본격적인 학습을 하기 전에 무엇을 배우는지 알 수 있고, 무엇이 중요한 개념인지 알게 될 것이다.

⟨Grammar⟩

본격적으로 문법공부를 하는 부분이다. 이 책은 ⟨Grammar⟩에서 배운 문법을 독해부분인 ⟨Story Book⟩을 통해 실제로 문장에서 어떻게 사용되었는지 재미있고 쉬운 이야기를 통해 적용하게 될 것이다. 마지막으로 배운 내용을 ⟨TOEIC exercise⟩에서 문제풀이를 통해 얼마나 이해하고 있는지 확인하게 된다. 이렇게 세 번 각각 다른 방식으로 반복학습을 하게 되므로 교재에 충실히 학습하면 기본적인 영어 문법과 독해의 기초를 견고히 쌓을 수 있을 것이다.

⟨Story Book⟩

지루한 독해 지문은 가라! ⟨Story Book⟩에서는 재미있는 이야기, 의미 있는 이야기를 읽으면서 영어를 공부하게 된다. 또한 어휘학습도 동시에 이루어진다. 그동안 단어가 외워지지 않았다면 ⟨Story Book⟩에서 효과적인 어휘 학습 방법을 알려준다. 이야기로 외우는 어휘(Story-telling technique)는 기존의 다른 어휘 책이나 독해 교재에서 접해본 적이 없는 새로운 방식이다. 이야기의 흐름에 따라 자연스럽게 몰랐던 어휘가 외워지는 경험을 맛보게 될 것이다. 또한 ⟨Story Book⟩의 어휘로 다양하고 흥미로운 게임을 각 장마다 소개한다. 여기서 어휘 게임을 통해 한 번 더 어휘를 복습하는 효과와 영어가 더 이상 재미없고 지루한 것이 아니라는 것을 알게 될 것이다.

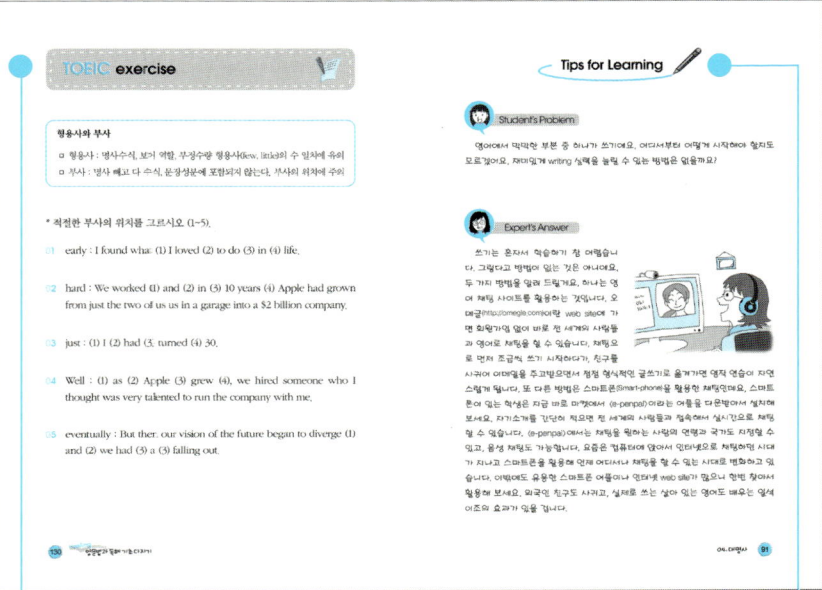

〈TOEIC exercise〉

실제 TOEIC은 난이도가 높기 때문에 쉽게 좌절되고 낙심하게 된다. 여기에서는 TOEIC 형식의 문제를 기초 단계의 학습자에 맞춰서 재구성했다. TOEIC의 문제 유형을 파악하는 동시에 〈Grammar〉와 〈Story Book〉에서 배운 내용을 최종적으로 복습하고 본인의 실력을 확인해 보자. 틀린 문제가 있다면 그냥 넘어가지 말고, 반드시 다시 앞으로 돌아가 점검하고 숙지하고 다음 장으로 넘어가길 바란다.

〈Tips for learning〉

여기에서는 다양한 영어 학습 방법을 실제적으로 알려준다. 모든 사람이 다 똑같은 방법으로 영어 학습에 성공한 것은 아니다. 사람마다 다 자신에게 맞는 방법이 따로 있다. 그러나 영어 공부를 어떻게 해야 하는지 방법을 몰라서 헤매는 사람들이 많다. 획일적인 방법으로 공부하던 시대는 지났다. 학습자의 성향에 따라 효과적인 영어 학습 방법이 다르다. 여기서는 외향형, 내향형 등 MBTI 성격에 따른 영어 학습 전략을 알려주고, 영어학습의 실패 원인도 진단해 준다. 또한 최근 기술의 발달로 스마트폰(Smart phone), 아이패드 등 다양한 학습 도구가 개발되고 있다. 유용한 인터넷 web-site와 스마트폰 어플(Application) 등을 소개하여 정보의 홍수 속에서 우리에게 꼭 필요한 유용한 정보를 제공한다.

Story Book

한 노부인이 병원에 가서 embarrassing 문제에 대해 confess했다. "저는 항상 pass gas해요, Johnson 선생님. 그런데 그것은 소리도 없고, 냄새도 없어요. 사실 저는 여기에 온 이후로도 20번 no less than 방귀를 뀌었거든요. 제가 무엇을 해야 하죠?"

"여기 prescription이 있습니다, Barker 여사님. 이 알약을 일주일 동안 하루에 세 번 드시고, 1주일 후에 제게 오세요."

다음 주에 화가 난 Barker 여사는 Johnson의 병원으로 갔다. "의사양반, 저는 이 약이 무엇인지 모르겠지만 문제가 더 악화되었어요! 저는 just as much 방귀를 뀌어요. 그런데 여전히 소리는 없어요. 그러나 지금은 끔찍한 냄새가 나요! 제게 for yourself 뭐라고 하시겠어요?"

"진정하세요, Barker 여사님" 하고 의사는 soothingly 말했다. "이제 우리는 당신의 sinuses를 고쳤으니, 청각을 work on 해야겠네요."

An old lady came into her doctor's office and confessed to an embarrassing problem: "I pass gas all the time, Doctor Johnson, but it's soundless, and without odor. In fact, since I've been here, I've passed gas no less than twenty times. What can I do?"

"Here's a prescription, Mrs. Barker. Take these pills three times a day for seven days and come back and see me in a week."

The next week, an upset Mrs. Barker marched into Dr. Johnson's office: "Doc, I don't know what was in those pills, but the problem is worse! I'm passing gas just as much, and they're still soundless, but now they smell terrible! What do you have to say for yourself?"

"Calm down, Mrs. Barker," said the doctor soothingly. "Now that we've fixed your sinuses, we'll work on your hearing."

http://community.fortunecity.ws/bennyhills/mortimer/42/medical.txt

- confess 참회하다, 고백하다
- pass gas 방귀를 뀌다
- prescription 처방전
- for oneself 스스로
- sinus 콧병
- embarrass 난처하게 하다, 당황케 하다
- no less than (수나 양이) ~(만큼)이나 (as many/much as)
- just as much 마찬가지로
- soothingly 진정시키듯이, 달래듯이
- work on 치료하다

Bingo Game

- confess 참회하다, 고백하다
- pass gas 방귀를 뀌다

- prescription 처방전
- for oneself 스스로
- sinus 콧병

- embarrass 난처하게 하다, 당황케 하다
- no less than (수나 양이) ~(만큼)이나
  (as many/much as)
- just as much 마찬가지로
- soothingly 진정시키듯이, 달래듯이
- work on 치료하다

TOEIC exercise

2장부터 〈TOEIC exercise〉는 토익 형식의 문제풀이를 연습할 것이다. 토익 성적은 졸업과 취업시 중요한 스펙 중 하나가 되었다. 따라서 이 책을 통해 영어의 기초를 다지고, 토익 시험을 대비하도록 하자. 이 교재에서는 Reading part를 다룬다. 1장에서는 토익 문제를 풀기에 앞서 최근 토익의 출제 경향을 분석하고 토익 시험 전략에 대해서 살펴본다.

1 최근 토익 경향 분석 (Reading 100문항 분석)

Part 5	문법 어휘	22문항 18문항	40문항
Part 6	문법 어휘	5문항 7문항	12문항
Part 7	주제 목적 구체적 정보 추론 문항 동의어	6문항 20문항 20문항 2문항	48문항

* 문항수 비율은 시험에 따라 다소 변경이 있을 수 있습니다.

② 시험 및 학습 전략

Part 5	- **시험 유형별 문제 풀이 방법** 습득 - (A)~(D)의 보기를 먼저 보고, 3초짜리 문법 문제인지, 전체를 해석해야 하는 독해 문제인지 문제 유형을 파악한다.
Part 6	- 문법으로 문제를 풀려고 하지 마라! - 전체 내용 파악을 위해 **첫 문단은 무조건 정독**한다. - 어휘 문제일 경우 문제의 해당 문장만 읽지 말고, 앞문장과 뒷문장을 읽고 앞뒤 내용과 관계를 파악한다.
Part 7	- 다독(extensive reading)이 아니라 정독(intensive reading)을! - 1개의 지문을 "완벽하게 이해하는 것"이 1,000개의 지문을 "대충 이해하고 문제풀기"보다 훨씬 더 효과적이다. - 시간 부족의 원인은 독해력 부족이다. - Part 7의 기본은 <u>**100% 이해하는 정확한 독해력**</u> 향상이다. 독해력이 뒷받침 된 후, 근거에 의한 추론으로 답 찾기 연습을 해야 한다. - 추론(true or not, inference) 문항은 본문을 먼저 읽고, 보기 (A)~(D)를 보고 답을 찾는 선(先)지문 방식으로 문제풀이를 한다.

Tips for Learning

 Student's Problem

　초등학교 때는 회화와 노래(Chant) 위주의 수업 방식으로 영어가 재미있었습니다. 그러나 중학교 때부터 문법을 배우기 시작하면서 영어가 점점 어려워지고, 고등학교 때 수능위주의 주입식 수업방식으로 인해 영어에서 흥미를 완전히 잃었습니다. 기초가 없으니 공부를 해도 실력이 늘지 않고, 어떻게 어디서부터 영어를 시작해야 하는지도 모르겠습니다. 다른 과목과 달리 영어는 공부를 해도 성적이 오르지 않는데, 어떻게 해야 할까요? 그리고 저의 문제점은 무엇인가요?

 Expert's Answer

　영어는 한두 달 열심히 공부한다고 실력이 느는 과목이 아닙니다. 그 이유는 공부해도 성적이 오르지 않는 기간인 잠복기가 존재하기 때문이죠. 하루에 10시간 공부하는 것보다 매일 10분씩 공부하는 것이 훨씬 더 효과적입니다. 언어에 대한 감각을 키우기 위해서죠. "언어는 감이다!" 이 말을 잊지 마세요. '감'을 잃지 않기 위해 매일 영어를 접해야 합니다. 단, 조건이 하나 있습니다. 최소한 1년에서 2년 이상 성적이 오르지 않아도 묵묵히 공부해야 한다는 것입니다. 그러니 지금부터 매일매일 다양한 방법으로 영어를 접해봅시다. 2장에서 성격에 따라 어떻게 학습하는 것이 가장 효과적인 방법인지 그 비결을 알려줄게요.

02

Today's Saying

You can't help getting older, but you don't have to get old.

나이 드는 것은 어쩔 수가 없지만 늙은이가 될 필요는 없다.

- George Burns

8품사와 문장성분

미국에서 가장 인기 있는 코미디언(comedian) 중 한 명인 George Burns 는 'The sunshine Boys'에서 80세의 나이로 아카데미 남우조연상을 받았고, 100세가 되는 1996년 직전까지 왕성한 활동을 했다. 우리가 경계해야 할 것은 나이 먹는 것 자체가 아니라, 나이를 핑계 삼는 우리 자신들의 게으름과 나약함일 것이다.

- can not help V~ing   V하지 않을 수 없는, 어쩔 수 없는
- don't have to   ~할 필요 없는

Keypoint

명사(noun), 동사(verb), 대명사(pronoun), 형용사(adjective), 부사(adverb), 접속사(conjunction), 감탄사(exclamation), 전치사(preposition), 관사(article), 조동사(auxiliary verb), 내용어(content word), 기능어(function word), 강세박자언어(stress-timed language), 음절박자언어(syllable-timed language), 주어(Subject), 서술어(predicative), 보어(complement), 목적어(objective), 목적격 보어(objective complement)

Grammar

① 8품사 : 명동에 사는 대형부가 인터넷에 접속했다가 감전된 사건!

    흔히 영어를 처음 공부할 때 제일 먼저 배우는 것이 8품사다. 눈을 감고 8품사를 떠올려 보자. 잠시 책을 덮고, 8품사가 무엇인지 여덟 개를 말해보자. 여덟 개가 바로 떠올랐는가? 만일 그렇지 않다면 2장을 공부한 이후로 여러분은 8품사를 술술 말하게 될 것이다.

    8품사는 "명동에 사는 대형부가 인터넷에 접속했다가 감전된 사건"이다. 8품사의 앞글자를 따서 이야기를 만든 것이다. 이렇게 외우면 잊혀지지 않고, 쉽게 기억할 수 있다. 나열해야 하는 것을 외워야 할 때는 앞으로 이처럼 앞글자나 특정 글자에 의미를 부여해 이야기를 만들어 암기해보자. 훨씬 잘 외워지는 것을 스스로 깨닫게 될 것이다. 그럼 품사 하나하나에 대해서 살펴보자.

명사(名詞 noun) : 이름이 있는 말
동사(動詞 verb) : 움직이는 말
대명사(代名詞 pronoun) : 명사를 대신하는 말
형용사(形容詞 adjective) : 형용하는 말 → 명사 수식
부사(副詞 adverb) : 도우는 말 → 명사 빼고 다 수식
접속사(接續詞 conjunction) : 이어주는 말 → 접속사 + 주어 + 동사
감탄사(感歎詞 exclamation, interjection) : 느낌을
    읊는 말
전치사(前置詞 preposition) : 앞에 놓이는
    말 → 명사 앞에 위치

명사(名詞 noun)

명사란 한자 그대로 이름(名)이 있는 말(詞)이다. 예를 들어 '황욱선, 최영임'처럼 세상에 하나뿐인 고유명사가 있고, '책상, 의자'처럼 눈으로 볼 수 있는 보통명사가 있다. 또한 '사랑, 믿음'처럼 눈으로 볼 수 없는 추상명사 등이 있다.

명사의 예 : 고유명사(Jane, John …), 보통명사(desk, chair …),
추상명사(love, belief …)

동사(動詞 verb)

동사란 움직임(動)을 나타내는 말들이다. 한국말로 '~다'로 끝나는 서술어다. 동작을 나타내는 '가다, 오다'의 동작동사가 있고, 상태를 나타내는 '사랑하다, 소유하다' 등의 상태동사로 나뉠 수 있다.

동사의 예 : 동작동사(go, come …), 상태동사(love, have …)

대명사(代名詞 pronoun)

대명사란 한자 그대로 명사를 대신하는 말이다. 영어는 기본적으로 똑같은 표현을 두 번 쓰는 것을 싫어한다. 앞에서 '철수'라고 했다면 다음 문장에서 철수라는 인물이 나올 때 매번 철수라고 하지 않고 '그'라는 명사를 대신하는 표현을 쓰는 것이다.

대명사의 예 : he, she, it, they, you …

형용사(形容詞 adjective)

형용사의 한자를 살펴보면 그릴 형(形), 얼굴 용(容)자다. 즉, '얼굴을 그리는 말'이라는 의미다. 여기서 '그리다'라는 표현은 수식하다로 받아들이면 되고, '얼굴'은 품사로 명사다. Alex라는 사람이 있다. 이 사람을 수식하기 위해서 'kind'라는 형용사를 사용하면 명사의 의미를 더 자세히 해준다. 이것을 전문 용어로 '한정하다'라고 한다. 명사의 의미를 한정시킨다는 것은 명사의 의미를 구체화시킨다는 뜻이다. 여기서 명심해야 할 점은 형용사는 명사만을 수식한다는 것이다. 즉, 형용사는 동사, 형용사, 부사 등을 수식할 수 없다. 반드시 기억해두자! TOEIC 시험이나 문법 문제에서 단골로 나오는 함정이 바로 **형용사는 명사만을 수식한다**는 점에 착안한 문제이기 때문이다.

형용사의 예 : a **white** pen, a **kind** person, **beautiful** mind …

부사(副詞 adverb)

부사는 '도울 부(副)'자를 써서 문장의 의미를 더 정확하게 하는데 도움을 주는 말이다. 형용사는 명사만을 수식하지만 부사는 명사만 제외하고 다른 품사를 수식한다. 즉, 부사는 또 다른 부사, 형용사, 문장 전체 등을 수식한다. 그러나 **부사가 명사를 수식하지 못한다**는 것을 명심하자. 이 역시도 TOEIC에서 부사 관련 문제를 만들 때 함정으로 만들기 때문이다. 부사는 장소, 방법, 시간, 이유 등을 나타내며 문장의 의미를 구체화 하는 데 도움을 준다.

부사의 예 : You **always** study English. (동사 수식)
　　　　　It is **very** different. (형용사 수식)

부사는 도와주는 말이므로 문장에서 없다 하더라도 크게 영향을 미치지는 못한다.

　　　　You study English.
　　　　It is different.

접속사(接續詞 conjunction)

접속사는 '이을 접(接), 이을 속(續)'자로 이어주는 말이다. 뜻 그대로 단어와 단어, 문장과 문장 등을 연결해 준다. 여기서 문장과 문장을 연결할 때 접속사 뒤에는 주어와 동사가 온다. 이렇게 '접속사 + 주어 + 동사'를 절(clause)이라고 부른다.

접속사의 예 : and, so, that, but, …
that 절(clause)의 예 : I believe **that** she(주어) is(동사) honest.

감탄사(感歎詞 exclamation, interjection)

감탄사는 '느낄 감(感), 읊을 탄(歎)'으로 느낌을 읊는 말이다. 우리들이 감탄했을 때 나오는 탄성이 바로 감탄사다.

감탄사의 예 : Wow!, Yes!, Oops!, Oh my God!, …

전치사(前置詞 preposition)

전치사의 '앞 전(前)'자는 영어의 'pre'와 같은 뜻이다. '놓일 치(置)' 자도 영어의 'position'의 의미다. 따라서 앞에 놓인다는 뜻인데 이는 명사 앞자리를 말한다. 따라서 전치사가 나오면 뒤에 명사가 온다는 사실을 명심해야 한다. 이 역시도 TOEIC 등 공인영어시험에서 문제로 만드는 유형이다.

전치사의 예 : in, at, for, …
〈전치사 + 명사〉

8품사는 앞으로 3장부터 각 장에서 더욱 심도 있게 다루게 될 것이다. 여기서 추가적으로 알아야 할 것은 8품사에는 포함되지 않지만 명사의 의미를 한정해주는 관사와 동사의 의미를 구체화 시켜주는 조동사가 그것이다.

② 관사와 조동사

관사(article)에는 부정관사와 정관사 이렇게 두 종류가 있다. 이 관사에 대한 부분도 3장 관사와 명사 편에서 자세히 다루게 될 것이다. 부정관사는 'a, an'이고, 정관사는 'the'이다. 한국어에는 관사라는 문법이 존재하지 않는다. 따라서 한국인들이 가장 어려워하는 부분 중 하나다. 따라서 관사를 정확히 이해할 필요가 있다. 관사가 나오면 반드시 뒤에 명사가 나온다. 관사는 명사의 의미를 더 명확히 해주기 위해 필요하다. 부정관사의 의미는 '정해지지 않았다'는 뜻이다. 정해지지 않은 명사를 표현하기 위해 부정관사를 쓴다. 예를 들어 살펴보자.

I want to buy **an** apple there.

위 문장에서 사과(apple)는 정해지지 않았다. 어떤 사과를 살지 모른다. 따라서 이 때는 정해지지 않은 사과 한 개라는 뜻에서 부정관사 'an'을 붙여줘야 한다.

셀 수 있는 명사일 경우,
① 복수(두 개 이상)일 경우 '~s, ~es'를 붙인다.
② 단수(한 개)일 때는 an, a 또는 관사를 반드시 붙여야 한다.
③ 관사나 부정관사, 복수형(~s, ~es)을 취하지 않으면 비문이 된다.

I want to buy **an** apple.
I want to buy **apples**.
I want to buy **the** apples you chose yesterday.
I want to buy **the** apple you chose yesterday.
I want to buy **apple** you chose yesterday. (×)

위 문장에서의 정관사(the)가 앞에 붙은 사과는 더 이상 보통 일반 사과가 아니다. 특정한 사과다. 즉, 정해진 사과라는 뜻이다. 당신이 어제 골랐던(you chose yesterday) 바로 그 사과를 사고 싶다는 것이다. 이렇듯 특정한 명사를 지칭하기 위해 정관사 'the'를 사용한다. 앞으로 정관사가 있다면 뒤의 명사는 의미가 구체화되어 정해진 명사라는 것을 명심하자.

또한 조동사(auxiliary verb)는 동사를 도와주는 말로 보통 동사 앞에 위치한다. 조동사의 예로는 can, may, must 등이 있다.

You **can** do it

여기서 can은 동사 do의 의미를 구체화한다.

한국어와 영어의 차이 : 음절박자 언어와 강세박자 언어

지금까지 8품사와 관사, 조동사를 배웠다. 이것을 통해 한국어와 영어의 차이를 이해할 수 있다. 영어도 한국어도 모두 한 나라의 모국어지만 둘은 엄연히 다른 언어다. 따라서 우리가 영어를 잘 하기 위해서는 한국어와 어떻게 다른지 알 필요가 있다. 그 대표적인 차이가 바로 음절박자 언어와 강세박자 언어를 이해하는 것이다.

8품사와 관사, 조동사를 다시 두 부류로 분류하면 내용어(content word)와 기능어(function word)로 나뉜다. 영어에서 내용어는 말 그대로 내용이 있는 단어다. 즉, 〈명동에 사는 형부〉 명사, 동사, 형용사, 부사를 내용어라고 한다. 그리고 기능어는 문법적 기능만 하고 내용이 없기 때문에 말(speaking)할 때 약화되거나 생략해서 제대로 들리지 않는다. 단지 문법을 판단하여 유추하게 된다. 기능어는 〈명동에 사는 형부〉를 제외한 모든 것이 다 기능어다. 즉, 관사, 조동사, 대명사 등 내용어를 제외한 나머지를 기능어라고 생각하면 되겠다.

내용어 : 명사, 동사, 형용사, 부사 (**명동**에 사는 **형부**)
기능어 : 관사, 조동사, 대명사, 접속사, 전치사 등

한국어는 내용어나 기능어에 상관없이 모두 같은 길이, 같은 강세, 같은 속도로 발음하는 음절박자 언어(syllable-timed language)다. 그러나 영어는 강세가 있는 내용어에만 강세를 주고, 나머지 기능어는 약화시키거나 생략하는 강세박자 언어(stress-timed language)다.

예를 들어 살펴보자.

① Birds eat corn.
② 새가 옥수수를 먹는다.

③ The birds don't eat the corn.
④ 그 새가 그 옥수수를 먹지 않는다.

①과 ②는 같은 뜻의 영어와 한국어다. 또한 ③과 ④도 같은 뜻의 영어와 한국어다. 여기에서 ①~④ 문장을 발화했을 때 전체 시간을 비교해보자. 먼저 한국어를 살펴보면 ②와 ④는 분명히 발화시간에 차이가 있다. 왜냐하면 ②보다 ④가 길기 때문이다. 즉, 음절박자 언어인 한국어는 모음의 개수가 긴 ④번 문장이 모음의 개수가 적은 ②번 문장보다 전체 문장을 읽는 데 시간이 오래 걸린다.

그러나 영어는 다르다. 영어는 강세박자 언어이기 때문에 전체 문장의 길이는 강세를 받는 내용어의 개수가 좌우한다. 즉, 기능어는 전체 문장의 길이에 영향을 미치지 않는다. ①과 ③의 내용어 개수를 비교해 보자. ①과 ③의 내용어 개수, 즉 명사, 동사, 형용사, 부사의 개수를 세어보자. ①은 명사인 birds, 동사인 eat, 또 명사인 corns 이렇게 세 단어, 즉 세 개의 내용어가 있다. ③번 문장을 분석하면 the는 관사로 기능어, birds는 명사, don't는 부정문을 만들기 위한 조동사로 기능어다. eat 동사, corns는 명사로 내용어가 세 개다. 따라서 ①과 ③은 내용어의 개수가 동일하므로 ①과 ③ 전체 문장을 읽는 시간은 똑같다.

그렇다면 ①보다 긴 ③을 어떻게 읽어야 할까? 그것은 기능어인 the, don't를 짧게 발음하거나 발음을 생략하는 것이다. 그래서 우리가 듣기를 할 때 들리지 않는 단어가 있는 것이다. 영어는 한국말처럼 모든 단어를 똑같은 강세와 길이로 말하지 않는다. 강세가 있는 내용어만 강하고 억양을 높여서 읽고, 기능어는 약화시키거나 발음을 하지 않음으로써 전체 문장의 길이를 내용어 개수에 맞추게 된다.

이렇듯 영어와 한국어는 다른 종류의 언어이기 때문에 문법이나 어휘 등 많은 면에서 차이점이 많다. 이런 차이를 이해함으로써 영어에 대한 접근을 더욱 쉽게 할 수 있을 것이다. 앞으로 영어와 한국어의 문법적 차이에 대해 배우게 될 것이다. 한국어와 영어가 어떻게 무엇이 다른지 알아야 혼동하지 않고, 정확한 영어를 구사할 수 있고, 독해도 정확하게 할 수 있다.

8품사와 관사, 조동사를 다시 정리하면 내용어는 핵심 내용이 있는 말이라서 잘 들리고, 기능어는 내용이 없고 문법적 기능만 있기 때문에 잘 들리지 않아 발음이 약화되거나 생략되는 경우가 많다. Speaking과 Listening을 잘하기 위해서는 이런 내용어와 기능어의 차이를 잘 알아야 한다. 또한 내용어와 기능어의 구분을 잘해야 Pop-song도 그럴듯하게 잘 부를 수 있다. 다음 팝송을 보고 각 단어의 품사를 구분

하고 내용어와 기능어를 고려해 실제로 노래할 때 어떻게 발음되는지 확인하면서 불러보자.

If you're happy and you know it, clap your hands
If you're happy and you know it, clap your hands
If you're happy and you know it, then your face will surely show it
If you're happy and you know it, clap your hands

내용어 : happy, know, clap, hands, face, surely, show
기능어 : 나머지 모든 단어. 단 밑줄 친 단어는 노래 부를 때 생략되어 발음되지 않음.
기능어는 노래 부를 때 반박자로 짧고 빨리 약하게 부른다.

지금까지 8품사와 관사와 조동사에 대해서 알아봤다. 이제부터 8품사보다 더 넓은 범위의 개념인 문장에 대해서 살펴보자.

 문장의 구성과 문장성분

문장의 구성

문장(sentence)이란 주어(명령문의 경우 생략 가능)와 동사가 모여 생각을 나타내는 단위를 말한다. 문장을 구성하는 기본적인 규칙을 먼저 살펴보자.

(1) 영어에서 문장의 첫글자는 대문자로 시작한다.

She is a student at Halla university. (○)
she is a student at Halla university. (×)

(2) 문장 내에서는 주어와 동사의 일치(시제, 단·복수)가 이루어진다.

위의 문장에서 She가 현재 시제 단수이기 때문에 동사는 'is'가 오는 것이다.

다음 문장에서도 He가 현재시제 3인칭 단수이기 때문에 시제와 동사의 형태를 3인칭 주어와 일치시켜 주기 위해서 love가 아니라 loves를 써야 한다. 이 부분은 대명사 부분에서 더 자세히 다루기로 하자.

He loves you.

(3) 구(phrase)에 대한 이해

문장 안에는 전치사구, 형용사구, 동사구 등 다양한 구가 존재할 수 있다. 구의 의미는 하나 이상의 단어가 모여 품사 역할을 하는 것을 뜻한다. 다음 문장을 분석하면 명사구, 동사구, 부사구로 이루어 진 것을 알 수 있다.

The pretty woman enjoyed the show very much.

The pretty woman	enjoyed the show	very much
명사구	동사구	부사구

(4) 문장의 구성

문장은 크게 주부(subject)와 술부(predicate)로 구성된다. 명령문의 경우 주어(you)가 생략되기 때문에 술부만 존재한다. 주어를 먼저 찾으면 나머지 부분은 모두 술부가 된다. 술부의 핵심은 동사이며 모든 문장에는 반드시 동사가 존재해야 한다. 한 문장에는 동사가 하나 존재하고, 문장이 두 개라면 두 문장을 이어주는 접속사가 필요하고, 동사도 두 개 존재해야 한다. 즉 각 문장 당 반드시 하나의 동사가 있어야 한다.

주부	술부
The pretty woman	enjoyed the show very much.
She	is a student at Halla university.

문장성분

문장을 구성하는 기본 요소는 주어S, 서술어(동사)V, 목적어O, 보어C다. 문장성분은 8품사보다 넓은 개념으로 문장이 쟁반이라면 품사는 여러 가지 종류의 과일이고, 문장성분은 과일을 담는 접시에 비유할 수 있다. 여기서 한 가지 짚고 넘어갈 것이 있다. 동사는 품사의 영역이고 서술어는 문장성분의 영역이지만 동사와 서술어는 서로 일대일 대응을 하기 때문에 동의어로 사용한다. 따라서 우리는 '주어와 서술어'라는 표현보다는 '주어와 동사'라는 표현을 더 많이 쓴다. 따라서 서술어 대신 동사라고 표현할 수도 있음을 밝힌다. 아래 표와 같이 문장성분이 될 수 있는 품사는 명사, 동사, 형용사만 가능하다.

문장성분	S 주어(Subject) - 명사	
	V 서술어(Verb) - 동사	
	O 목적어(Object) - 명사	D.O 직접목적어(Direct Object) I.O 간접목적어(Indirect Object)
	C 보어(Complement) - 명사 또는 형용사	S.C 주격보어(Subject Complement) O.C 목적격 보어(Object Complement)

(1) 주어(subject)

보통 명사구가 주어의 역할을 한다. 여기서 명사구는 대명사도 포함한다. 주어는 위에서 언급한 주부를 말한다.

주어(주부)	술부
They (대명사)	listened to the music
Jason (명사)	
The students in the class (명사구)	

(2) 동사(verb) = 서술어

동사는 문장의 술부에서 핵심 요소이고, 반드시 한 문장에서 동사가 최소한 하나는 존재해야 한다. 따라서 동사는 매우 중요한 문법 요소라고 할 수 있다. 동사구는 하나의 동사만으로 구성할 수 있지만 동사를 도와주는 조동사가 함께 있을 수도 있다.

	동 사	
Mike	is can be might have been	busy studying Korean

동사는 목적어의 유무에 따라 크게 자동사(intransitive verb)와 타동사(transitive verb)로 나뉜다. 뒤에 목적어가 있으면 타동사, 목적어가 없으면 자동사다. 여기서 주의할 것은 한국어로 해석해서 타동사(~을, ~를)와 자동사를 찾지 말아야 한다는 것이다. 반드시 목적어의 유무로 자동사인지 타동사인지 구분해야 하고, 이 부분도 매회 TOEIC에 기출 된다. 영어 사전에 동사 옆에 'vi. vt.'라는 표시를 본 기억이 있을 것이다. 'vi.'는 자동사를 나타내고, 'vt.'는 타동사를 의미한다.

> She(주어) came(자동사) here(장소 부사)
> She(주어) teaches(타동사) English(목적어)

또한 보어가 필요한지 여부에 따라 완전자동사와 불완전자동사, 완전타동사와 불완전타동사로 세분화된다. 타동사에는 수여동사라는 개념이 하나 더 추가된다. 이렇게 다섯 가지 동사의 종류에 대해서 살펴보자.

☐ 완전자동사

완전자동사란 도와주는 보어가 없어도 문장이 완성되는 동사다. 완전자동사가 쓰인 문장을 1형식 문장이라고 한다.

> 주어 + 완전자동사 (+부사)
> She went home.
> Birds sing on the branch.
> Time flies.

□ 불완전자동사

불완전자동사란 동사만으로는 의미를 정확히 알 수 없기 때문에 보어가 반드시 있어야 올바른 문장이 되는 동사다. 우리가 알고 있는 be동사가 대표적인 불완전자동사다. 불완전자동사가 있는 문장을 2형식 문장이라고 한다.

주어 + 불완전자동사 + 형용사 또는 명사
He is a student.
Minsu became a famous doctor.
That sounds great.

□ 완전타동사

완전타동사는 보어가 없이 주어, 동사, 목적어만으로 문장이 구성된다. 완전타동사가 있는 문장을 3형식 문장이라고 한다.

주어 + 완전타동사 + 목적어
I love you.
He resembles his mother.
I don't know what to do.

여기서 타동사와 목적어는 아주 긴밀한 관계이기 때문에 분리되지 않고, 부사인 not이 삽입될 경우 그 위치는 주어와 동사 사이가 된다.

I don't love you

□ 불완전타동사

불완전타동사는 주어, 동사, 목적어, 목적보어로 구성된다. 3형식 문장에 목적어의 의미를 보충해주는 목적보어가 추가된 형태다. 불완전타동사가 있는 문장을 5형식 문장이라고 한다. 여기서 목적어와 목적보어의 관계는 주어와 동사의 관계와 유사하다.

주어 + 불완전타동사 + 목적어 + 목적보어

Mike makes his girlfriend happy.

They call me "boss".

We elected him president.

- **수여동사**

수여동사는 영어 고유의 특징이다. '~에게 ~을 주다'의 의미를 나타내는 동사를 수여동사라고 한다. 수여동사가 있는 문장을 4형식 문장이라고 한다.

주어 + 수여동사 + 간접목적어(사람) + 직접목적어(사물)

He made her a doll.

They gave her a lot of pens.

She sent me an e-mail.

(3) 목적어(object)

목적어는 타동사 뒤에 오는 명사, 대명사, 명사구, 명사절 등이다. 목적어에는 두 가지 종류가 있다. 바로 직접목적어와 간접목적어다. 우리는 흔히 목적어를 '~을, ~를'로 해석한다고 배워왔다. 엄밀히 말하면 이 경우는 직접목적어를 해석할 때고, 간접목적어는 '~에게'라고 간접적으로 해석한다.

- **직접목적어**(direct object)

직접목적어는 타동사 뒤에 위치해서 보통 '~을, ~를'로 해석되고 명사구, 대명사, 명사절 등 명사 상당어구가 이에 해당된다.

	직접목적어(D.O)
Mina thinks	the reason her that he can't go there

□ **간접목적어(indirect object)**

간접목적어는 4형식 동사(수여동사)에서만 나타난다. 보통 직접목적어는 사물이고, 간접목적어는 사람이다. 해석은 '~에게'라고 한다.

	간접목적어(I.O)	
I will give	you	the book

간접목적어는 문장의 맨 뒤로 이동(전치사+간접목적어)할 수 있고, 이때 3형식으로 바뀐다.

```
I  will  give  you  the book.
S    V    I.O   D.O

I  will  give  the book  (to you).
S    V    O      전치사구
```

3형식만 가능한 타동사가 있다. 즉, 4형식으로 만들 수 없는 동사다. 이 부분도 TOEIC에서 난이도 최상으로 나오는 최근 단골 문제다. 여기서 3형식과 4형식 동사의 차이에 대해 역사적 관점에서 살펴보겠다.

3형식은 주어 동사 목적어로 구성된 형태다. 동사에 따라서 4형식으로 변경 불가능할 수도 있다. 4형식은 주어 동사 간접목적어 직접목적어로 구성되고 3형식으로 변경 가능하다.

3형식 : S V O
4형식 : S V IO DO

한국어의 뿌리는 '알타이어(Altai language)'라고 한다. 영어와 독일어가 비슷하다는 것을 우리는 상식으로 알고 있다. 영어의 뿌리는 게르만어(German language)다. 4형식 동사는 이 게르만어의 특징이다. 이 민족은 과거 북유럽에 살다가 4세기 경 현재 영국 땅으로 이동했다. 추워서 농사를 지을 수 없었기 때문에 게르만 족인 덴마

크 사람들은 과거 바이킹(Viking)이었다. 이렇듯 게르만족은 척박한 환경의 영향으로 문명이 일찍 발달하지 못했다. 차용어가 아닌 영어 고유어는 대부분 1음절어(모음이 하나인 단어)다. 4형식이 가능한 동사를 잘 살펴보면 모두 모음이 하나인 1음절 단어임을 알 수 있다.

    4형식(1음절 동사)의 예 : 영어 고유어(게르만어), 3형식 전환 가능

```
    S   V    IO    DO
    I give  you  the book.
      teach
      lend
      make  you  a doll
      ask   you  questions
      tell  you  the story
```

반면, 3형식만 가능하고 4형식이 불가능한 언어는 로맹스어(Romance language)라고 하여 프랑스어, 이태리어 등이 있다. 로맹스어를 쓰는 나라는 일찍이 문명이 발달해 강대국으로 발전했다. 기원전 55년 줄이어스 시저(Julius Caesar)가 로마군을 이끌고 영국을 점령했다. 이때 영어에 라틴 차용어가 들어왔다. 그 후 영국은 1066년 노르만 정복(Norman Conquest)으로 인해 프랑스의 지배도 받았다. 이로 인해 프랑스어가 차용되었고, 현재 영어 어휘의 약 40%가 프랑스어인 것으로 추정된다. 이런 지배자의 언어인 로맹스어의 특징은 3형식만 가능하고 4형식은 불가능하다는 것이다. 또한 2음절 이상의 긴 단어들이다.

    3형식(2음절 동사)의 예 : 불어, 라틴 차용어(로맹스어), 4형식 불가

```
    S    V         O
    I describe  the picture  to  you.
      explain
      provide
      mention
      say some bad words.
    suggest we have dinner at the restaurant.
```

(4) 보어(Complement)

보어는 말 그대로 보충해주는 말이다. 보어에는 두 가지 종류가 있다. 주어를 보충해주는 주격보어(subject complement)와 목적어를 보충해주는 목적격보어(object complement)다. 여기서 주의해야 할 점은 보어가 될 수 있는 품사는 명사와 형용사라는 것이다. 부사는 문장성분에 포함되지 않는다는 것을 명심하자. 이 부분도 각종 문법 문제에서 단골로 출제되는 부분이다.

☐ 주격보어(subject complement)

주격보어는 보통 보어라고 칭한다. 주격보어는 주어의 의미를 구체화하는 역할을 한다. 주로 2형식 동사인 be동사류 다음에 나온다.

		주격 보어
Linda	is	my daughter a doctor happy

☐ 목적격보어(object complement)

목적격보어는 목적어의 내용을 보충해주는 말이며 명사와 형용사 또는 부정사(to + V)와 원형부정사(동사 원형) 등이 올 수 있다. 목적격보어는 목적어의 내용을 구체화 해주는 역할을 하므로 목적어와 긴밀한 관계에 있다. 따라서 해석을 할 때 목적어와 목적격보어를 주어와 동사로 해석하면 자연스럽다.

		목적어 (주어)	목적격 보어 (동사)
He Joe A man I	allowed makes made consider	Sophia his girlfriend me the driver	to visit his place happy angry tired

지금까지 문장을 구성하는 주요 성분인 문장 성분을 배웠다. 주어가 생략된 명령문을 제외하고 문장의 맨 앞부분에는 주어가 온다. 주어가 될 수 있는 품사는 명사만 가능하다. 주어 뒤에는 동사가 오고, 동사의 종류에 따라서 타동사일 경우 목적어가 오고, 자동사일 경우 보어가 온다. 여기서 완전타동사와 완전자동사일 경우 보어가 필요없고, 불완전자동사와 불완전타동사의 경우 불완전하기 때문에 보충해주는 보어가 각각 필요하다.

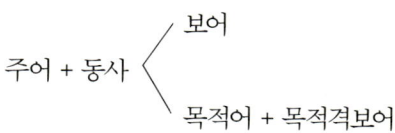

Story Book

한 노인은 미국의 작은 마을에 핫도그 가게를 소유하고 있었습니다. 그 핫도그는 taste 아주 좋아서 사람들이 그것을 먹기 위해서 먼 길을 오곤 했습니다. 그는 다음과 같이 advertise 그의 핫도그는 미국에서 가장 맛이 좋은 핫도그라고 했습니다. 그는 행복한 미소로 그의 customer에게 greet 했습니다. 그리고 다음과 같이 말했습니다. "제 핫도그는 아주 taste 좋아서 당신은 두 개를 사야할 것입니다." customer는 agree했습니다. 빵은 아주 신선했고, 따뜻했으며, 피클도 신선했습니다. 머스타드는 특별한 냄새가 났습니다. 그는 핫도그에 적당한 amount의 양파를 넣었습니다. 너무 많지도 너무 적지도 않게요. 여직원들은 항상 생기가 넘쳤고, 고객은 핫도그가 이렇게 아주 좋은 taste가 날 수 있다는 것을 몰랐습니다. 그들이 compliment 할 때 노인은 말했습니다. "나는 이 가게를 운영하는 것이 행복해요. 젊은 여직원들은 대학 등록금을 마련하죠." 사람들은 항상 그 남자의 가게로 다시 오곤했습니다.

An old man owned a hotdog shop in a small town in the United States. The hotdogs tasted great and people traveled a long way to get them. He advertised that his hotdogs were the best tasting hotdogs in America. He greeted each customer with a happy smile and would say, "My hotdogs taste so good you must have two." Customers agreed. The bread was very fresh and warm, the pickles were fresh, and the mustard had a special smell. He put the right amount of onion on the hotdog, not too much or too little. The waitresses were always cheerful and the customers did not know that hotdogs could taste so good. When they made compliments, the old man would say, "I am happy to run this store. The young waitresses make money for college." People always returned to the man's hotdog shop.

- own 소유하다
- advertise 광고하다, 선전하다
- agree 동의하다
- compliment 칭찬
- taste 취향, 맛, 맛이 나다
- customer 고객, 손님
- amount 양

어느 날, 노인의 아들이 가게로 왔습니다. 노인의 아들은 하버드 대학에서 비즈니스 administration Master와 Doctoral 학위를 받았습니다. 그는 그의 아버지에게 다음과 같이 말했습니다. "아버지, 곧 문제가 생길 거에요. 경제가 침체될 겁니다. 아버지는 돈 쓰는 것을 중단할 필요가 있어요. 고객과 말하는 데 시간을 낭비하지 마세요. 부엌에서 바쁘게 지내세요. 싼 빵과 핫도그를 사세요. 많은 사업들이 bankrupt하고 있어요.

노인은 그의 아들이 아주 똑똑해서 행복했습니다. 그는 그의 아들이 그에게 하라는 대로 했습니다. 노인은 부엌에 머물렀고, 고객과 말하지 않았습니다. 그는 싼 빵과 핫도그를 샀습니다. 오직 한 명의 여종업원만 일하고 있었습니다. 두 달 후, 그의 아들이 가게로 다시 왔습니다. 가게에는 손님이 한 명도 없었습니다. 노인은 그의 아들에게 말했습니다. "너가 옳았어. 경제가 많이 침체되었어." 이것은 실화입니다.

One day, the old man's son who held both Master's and Doctoral degrees in Business Administration from Harvard University came to the store. He told his father, "Dad, you are going to have trouble soon. The economy will slow down. You need to stop spending money. Don't waste time talking to customers. Get busy in the kitchen. Buy cheap bread and hotdogs. Many businesses are going bankrupt.

The old man was happy that his son was so smart. He did what his son told him to do. The old man stayed in the kitchen and did not talk to his customers. He bought cheap bread and hotdogs. Only one waitress was working. Two months later, his son came to the store again. There were no customers in the store. The old man said to his son, "You were right. It is a great economic slow down." This is a true story.

http://cafe.daum.net/love4475

- bankrupt 파산
- Master degree 석사학위
- Doctoral degree 박사학위

Puzzle Game

```
L W S V N W N Z A H B N A R T
B R O W B E Y H X E U C D M Y
D Q O F T A G S S A G R M K D
L Z W S F U N I L Y R W I T E
V H A Z O M T K A S E I N N G
C T S O A R B B R C E X I M R
F V E J E S K C C U T O S P E
G U I V L E D Z W S P W T P E
L I D V J K A B Z T Z T R C S
E A F W Q O G G V O N Q A M P
W T P P C U W E D M M R T N C
J J P M W F A N G E Y B I J U
W I R E P L I O M R N Z O F A
L E R O N Q H E G U S O N Q O
C W D M W F V G N L P M J O L
```

- 광고하다, 선전하다
- 취향, 맛
- 소유하다
- 관리, 경영
- 정도, 학위
- 고객, 손님
- 파산
- 인사하다

TOEIC exercise

Sentence = Subject + predicate

문장은 주부(Subject)와 술부(Predicate)로 구성되어 있다.

① 주부 : 동사의 행동을 실행하는 대상이고, 일반적인 어순에서는 문장의 가장 앞에 위치한다.

② 술부 : 주어를 제외한 나머지 문장을 일컫는다. 술부의 중심은 동사이며 모든 문장에는 반드시 동사 하나는 있어야 한다.

1. An old man / owed a hotdog shop in a small town in the United States.
   주부   술부

2. The old man's son (who held both Master's and Doctoral degrees in Business Administration from Harvard University) / came to the store.
   주부   술부

3. Get busy in the kitchen.
   V

* 명령문의 경우 주어(you)가 생략되어 술부(동사)로 시작한다.

4. There are / many scholars (who are like a donkey).
   술부   주부

* **There + be동사** 구문은 술부가 먼저 나오고 주부가 나중에 나온다. 따라서 be동사의 단복수 일치는 뒤에 있는 주어의 단복수와 일치시킨다.

(1) There are / no customers in the store.
    술부   주부

* "customers"라는 복수 형태의 주어가 있기 때문에 be 동사는 복수형인 "were"가 온다.

(2) There is / a table in the corner.
    술부   주부

* "a table" 단수의 주어이기 때문에 수 일치를 위해 동사도 역시 "is"의 단수 형태가 된다.

01 There _____ no customers in the store last weekend.

(1) is　　　(2) are　　　(3) was　　　(4) were　　　(5) be

02 There _____ many scholars who are like a donkey.

(1) is　　　(2) are　　　(3) was　　　(4) were　　　(5) be

03 There will _____ no time for doing it.

(1) is　　　(2) are　　　(3) was　　　(4) were　　　(5) be

04 There _____ no telling what will happen next.

(1) is　　　(2) are　　　(3) was　　　(4) were　　　(5) be

05 _____ there an accident yesterday?

(1) is　　　(2) are　　　(3) was　　　(4) were　　　(5) be

06 I wonder if there will _____ any further use for this.

 (1) is (2) are (3) was (4) were (5) be

07 I don't want there to _____ any danger.

 (1) is (2) are (3) was (4) were (5) be

08 Let there _____ light.

 (1) is (2) are (3) was (4) were (5) be

09 _____ there many books on the desk?

 (1) is (2) are (3) was (4) were (5) be

10 Will there _____ a cabinet change soon?

 (1) is (2) are (3) was (4) were (5) be

Tips for Learning

Student's Problem

저는 심하게 내성적인 성격이에요. 회화 학원에 다니는데 갑자기 공개적으로 저에게 영어로 질문하고 대답을 하라고 해서 이젠 두렵기까지 해요. 회화실력이 늘기는커녕 영어가 더 싫어졌어요. 한국말로 앞에 나가서 발표하는 것도 싫어하는데, 영어로 말하는 것은 정말 끔찍해요. 부모님은 저를 걱정해서 이 학원 저 학원 좋다는 학원에 보내봤지만 별 소용이 없었어요. 저는 어떻게 해야 할까요?

Expert's Answer

　내향적인 학습자는 자기 안에 에너지가 있기 때문에 사람들을 많이 만나면 주변 사람들에게 에너지를 빼앗깁니다. 그래서 회화 학원을 보내도 심한 내성적 성격의 학생은 듣기만 하고, 말을 하지 않게 되죠. 사람들이 많은 곳에서 공개적으로 말할 때 본인에게 시선이 집중되는 것을 창피해 하고, 실수에 대한 두려움이 큽니다. 그래서 앞에 나가서 발표하는 것도 싫어합니다. 또한 내향적인 학습자는 표현을 하지 않는 편이기 때문에 교사가 내향형 학습자를 파악하는 데 시간이 오래 걸리고, 학습자도 새로운 환경에 적응하는데 시간이 오래 걸립니다.

　따라서 내향형 학습자는 마음이 편안한 상태에서 학습해야 합니다. 장기적으로 1 대 1 수업을 하거나 친한 친구와 소그룹으로 학습하는 것이 효과적입니다. 간혹 외향적인 학부모가 내향형의 학습자인 자녀의 특성을 이해하지 못하고, 영어에 대한 몰이해로 성적이 떨어졌다는 이유로 여러 학원을 전전하는 경우가 있다. 그러나 이럴 경우 내향형 학습자는 새로운 환경에 또다시 적응하는 부담으로 다가와 오히려 학습에 방해가 됩니다.

　또한 내향형의 학습자는 자신감이 있으면 발표에 대한 두려움이 감소되므로 배경지식 쌓기를 먼저 하고, 충분히 생각할 시간을 준 후 수업에 임할 수 있도록 교사가 배려한다면 더욱 수업에 빨리 적응할 수 있습니다. 간혹 영어회화 수업에서 공개적으로 speaking 시험을 보는 경우가 있는데 이것은 내향형 학습자로 하여금 시험 자체를 포기하게 할 수도 있는 큰 부담감으로 다가옵니다. 따라서 내향형 학습자의 성향을 고려해 1 대 1로 시험을 볼 수 있도록 교사의 배려가 필요합니다.

03 Healing

Today's Saying

Tell me and I forget.
Teach me and I remember.
Involve me and I learn.

내게 말해라 그러면 나는 잊어버릴 것이다.
나를 가르쳐라 그러면 나는 기억할 것이다.
나를 참여시켜라 그러면 나는 배울 것이다.

- Benjamin Franklin

관사와 명사
- 관사는 명사의 짝꿍

미국의 3대 대통령인 Benjamin Franklin의 말로 학습효과를 언급할 때 자주 인용되는 구문이다. 연구에 의하면 강의를 듣기만 하는 수업방식은 5%, 들은 내용을 말로 표현하면 50%, 듣고 그것을 말로 표현하면서 몸으로 참여하면 75%, 자신이 배운 내용을 남에게 가르치면 90%의 기억효과가 있다고 한다. 우리도 영어공부 할 때 듣고, 따라하고, 친구에게 배운 내용을 가르치면서 해보자. 학습효과가 쑥쑥 올라갈 것이다.

- 명령문 + and   ~해라, 그러면 ~할 것이다
- involve   관여하다, 참여하다, 관련되다

Keypoint

관사(article), 부정관사(indefinite article), 정관사(definite article), 명사(noun), 불가산명사(uncountables), 가산명사(countables), 고유명사(proper noun), 추상명사(abstract noun), 물질명사(material noun), 보통명사(common noun), 집합명사(collective noun)

Grammar

1 관사(Article)

우리는 1장에서 관사(article)에는 부정관사와 정관사 이렇게 두 종류가 있다는 것을 배웠다. 부정관사는 'a, an'이고, 정관사는 'the'다. 이 장의 부제목이 "관사는 명사의 짝꿍"이다. 관사가 나오면 반드시 뒤에 명사가 나온다. 관사는 명사의 의미를 더 명확히 해주기 위해 필요하기 때문이다. 그러나 명사의 짝꿍은 관사가 아니다. 관사는 명사가 좋아서 늘 쫓아다니지만 짝사랑일 뿐이다. 즉, 관사가 나오면 뒤에 반드시 명사가 와야 하지만, 명사가 나온다고 해서 항상 관사가 나오는 것은 아니다. 이런 경우를 무관사라고 한다. 여기서는 부정관사, 정관사, 무관사에 대해서 배운다.

부정관사(Indefinite Article)

부정관사란 '정해지지 않은 관사'라는 뜻이다. 부정관사의 영어 명칭을 살펴보면 'in'은 'not'을 의미하는 부정접두사이고, 'definite'은 형용사로 '명확한, 정확한, 한정된, 확실한'을 의미한다. 따라서 'indefinite article'은 '한정하지 않은', 즉 범위를 좁히지 않은 관사라는 뜻이다. 부정 관사에는 두 가지가 있는데 하나는 자음 앞에 쓰이는 〈a〉와 모음 충돌을 막기 위해 'a'에 'n'이 추가된 〈an〉이 모음 앞에 붙는 부정관사다. 이런 〈a, an〉은 'one'에서 나왔으며 하나(one)를 의미한다. 따라서 부정관사 뒤에 있는 명사는 '하나의'라는 뜻을 내포하는 셀 수 있는 명사(가산 명사)이어야 한다. 이 점을 명심하자. TOEIC에서 문법 문제로 출제될 수 있는 부분이다. 그 밖에 부정관사는 'per'의 의미인 '~마다'라는 의미도 갖는다. 예문을 통해서 각각의 용법을 살펴보자.

(1) a + 자음, an + 모음

An old man owned a hotdog shop in a small town in the United States.
I wait for a half an hour at the station.

여기서 주의할 점은 철자가 아니라 발음을 기준으로 자음 앞에는 'a', 모음 앞에서는 'an'을 붙인다는 것이다. 두 번째 예문인 'a half an hour'에서 앞에는 'h' 자음 앞이라서 'a'가 쓰였고, 뒤에 hour는 'h'음이 소리가 나지 않는 묵음이라서 실제로 발음상은 모음 앞이라서 'an'이 쓰였다.

이렇듯 부정관사는 셀 수 있는 명사 앞에서 하나(one)라는 의미를 지니고, 보통 이야기의 앞부분에서 처음 등장하는 셀 수 있는 명사 앞에 붙는다. 정해지지 않은 부정관사이기 때문에 아무것도 정해진 것이 없는 이야기의 첫 부분에 많이 나타난다. 이야기의 뒷부분으로 가면 앞에서 언급한 내용이 다시 나오기 때문에 의미가 좁혀지고 정관사의 쓰임이 더 많아지게 된다.

(2) 부정관사가 'per, each'의 의미로 쓰일 때

An apple a day keeps the doctor away.
I work twenty hours a week.

An apple a day는 '하루에 사과 한 개'라는 뜻이다. 뒤의 a day는 '하루'라는 의미가 아니라 '하루마다'의 의미로서 'a'는 '~마다'의 의미를 갖게 된다.

정관사(definite article)

정관사는 '정해진 명사 앞에 붙이는 관사'라는 뜻이다. 화자와 청자가 알고 있는 정해진 명사의 의미를 한정하기 위해 쓰이는 품사가 관사다. 따라서 이미 앞에서 나온 표현을 반복하거나 앞에서 나오지 않아도 상황이나 상식 상 화자와 청자가 알고 있는 명사를 표현할 때 사용하게 된다. 예문을 통해서 살펴보자.

Give me the salt.

위의 salt(소금) 앞에 정관사 the가 붙은 이유는 현재 상황이 밥을 먹는 탁자에 있는 상황이고, 탁자 앞에 있는 소금을 달라는 표현으로 화자와 청자가 문맥 상 소금이 어떤 소금인지 알 수 있기 때문에 정관사 the가 붙은 것이다.

I have a dog. The dog is white.

처음 등장하는 dog에는 부정관사 'a'를 붙이고, 앞에 이미 언급한 내용을 다시 언급할 때는 'the'를 붙인다.

The books on the desk are yours

'on the desk'의 수식을 받는 경우 의미가 한정되고, 정해진 특정한 책이 되기 때문에 정관사 the를 붙인다. 이런 정관사와 부정관사의 의미를 알면 관사와 관련된 용법도 암기가 아니라 이해하면서 자연스럽게 외워지게 된다.

He is playing the piano now.
He is playing soccer now.

위의 예문에서 우리는 흔히 '악기를 연주하다'라는 의미에서 악기 이름 앞에서는 정관사 'the'를 붙이고, '운동을 하다'라는 의미에서는 무관사라고 암기하곤 하는데, 이렇게 무조건 외우게 되면 나중에 혼동을 하게 되고 잘 외워지지 않는다. 그러나 정관사의 의미를 알고 이해하게 되면 쉽게 외워진다. 정관사의 의미는 정해진 명사 앞에 붙는다는 것이다. 즉, 악기를 '연주하다'라는 의미에서 악기라는 명사는 모두가 형상화 할 수 있다. 특정한 악기 이미지를 떠올릴 수 있기 때문이다. 따라서 '피아노를 연주하다'를 영어로 표현하기 위해서는 'piano'라는 정해진 형태가 있기 때문에 정관사 the를 붙여야 한다. 반면 '축구를 하다'라는 의미에서 축구는 11명의 운동선수들이 움직이면서 운동을 하는 경기이고, 승패 등을 정할 수 없는 부정확성이 내포되어 있다. 따라서 정관사 'the'를 붙일 수 없는 것이다. 그래서 무관사를 원칙으로 한다. 또 다른 예를 하나 더 살펴보자.

Do you have the time?
Do you have time to go shopping with me this weekend?

Do you have the time?에서 time 앞에 정관사 the가 붙었다. 이것은 화자와 청자가 아는 정해진 시간이란 뜻이다. 즉, '시계가 있는가, 지금 몇 시인가'라는 표현이다. 즉, 변하지 않는 현재 시각을 물어보는 것이다. 두 번째 문장에서 time 앞에 무관사인 경우 정해지지 않은 시간을 물어보는 표현이다. 즉, 주말에 나와 함께 쇼핑할 시간 있는지 물어보는 표현이다. 여기서 time은 여유 시간이 있는지 물어보는 표현이다. the를 붙이는지 안 붙이는지에 따라서 의미 차이가 있다는 사실을 명심하자. 아래 정관사를 암기하는 방법을 하나 소개한다. 대부분 정관사가 필수적으로 붙는 단어들을 잘 살펴보자. 대부분 화자와 청자 모두 알 수 있는 정해진 명사 앞에 붙는다는 것을 알 수 있을 것이다.

정관사 암기하는 방법(많은 경우 아래처럼 the를 붙이지만 예외도 있다)
정관사 the + 복잡한 공국 선서운

복 : 복수의 지명, 국가 the United states of America, the Philippines
잡 : 잡지, 신문, 서적 The Times, The Korea Herald
한 : 추임새로 넣음

공 : 공공건물, 관공서 the White House,
국 : the + 국가형용사 = 국민들 the French, the English

선 : 선박, 철도 the Titanic, the railroad
서 : 서수 the first, the second
운 : 운하, 바다, 강 the Pacific, the Han river, the Suez Canal

관사는 특히 한국어에 없는 표현이므로 한국인이 어려워하는 문법 중 하나다. 이번 기회에 확실히 개념을 알아두자. 그럼 다음으로 이렇게 정관사나 부정관사가 붙지 않는 무관사에 대해서 살펴보자.

무관사

셀 수 없는 명사 중 추상명사나 물질명사 앞에는 관사를 붙이지 않는다. 또한 관사를 붙이지 않는 경우는 관용구나 기타 여러 가지 상황에서 관사를 붙이지 않는 예들을 살펴보자.

(1) 추상명사, 물질명사

Time is money. (추상명사)
Butter is made from milk. (물질명사)
Waiter, give me a glass of water. (상대방을 부를 때)
Would you play baseball with me? (운동경기 앞)
Did you have breakfast today? (식사 앞)
I had lunch at the restaurant.

(2) 건물, 기구 등이 본래의 목적으로 쓰일 때

I go to school at about 6:30.
She goes to church on Sundays.
It's time to go to bed now.

(3) 관직이나 신분을 나타내는 명사

We elected her president.
King George visits my place.
Professor Choi asked the question to me.

(4) 관용어구

My son goes to school by bus. (by + 교통수단)
He used a knife and fork. (대칭적 구조)
I waited for her from morning till night.
I walk to church on foot. (숙어표현)

② 명사(Noun)

명사는 크게 셀 수 있는 가산명사와 셀 수 없는 불가산명사로 나뉜다.

불가산명사(uncountables)

불가산명사란 셀 수 없는 명사라는 뜻이다. 영어 사전을 찾아보면 명사 뒤에 U라는 표시를 쉽게 찾아 볼 수 있을 것이다. 이것은 '셀 수 없는'이란 뜻의 uncountables의 앞글자의 U다. 즉, 불가산명사라는 뜻이다.

셀 수 없는 불가산명사에는 세상에 하나밖에 없는 고유한 이름을 나타내는 고유명사와 사랑과 같은 추상적인 의미를 나타내는 추상명사, 재료나 물질을 나타내는 물질명사가 있다.

(1) 고유명사(proper noun)

인명, 지명, 특정 사물의 이름 등으로 고유명사는 첫글자를 대문자로 쓴다. 원칙적으로 세상에 하나밖에 없는 고유한 명사이므로 복수형으로 쓰일 수 없고, 관사를 붙이지 않는다.

    Mary, Korea, Seoul, Mt. Everest

(2) 추상명사(abstract noun)

사람이나 사물의 성질, 상태 등 추상적인 개념을 나타낸다. 셀 수 없는 명사로 보통 관사를 붙이지 않는다.

    Art, life, love, peace

(3) 물질명사(material noun)

물질의 이름을 나타내는 명사로서, 완성품을 만드는 재료로 쓰이기도 하고, 일정한 모양이 없으므로 셀 수 없는 명사고 무관사인 경우가 많다.

    silver, gold, gas, snow, sugar, paper, juice

가산명사(countables)

가산명사는 셀 수 있는 명사란 뜻으로 사전에서 명사 뒤에 C라고 표시되어 있다. 이것은 countable의 약자로 셀 수 있는 명사라는 뜻이다. 가산명사에는 보통명사와 집합명사가 있다. 가산명사는 한 개일 경우 단수명사라고 하고, 두 개 이상일 경우 복수명사라고 하며 복수명사의 표시는 명사의 끝에 ~s, ~es를 붙임으로써 여러 개라는 복수를 나타낸다. 가산명사의 경우 단수인지 복수인지 구분해야 하고, TOEIC 시험에서 명사가 답일 경우 반드시 단수와 복수를 구분하는 수 일치를 유의해야 한다.

(1) 보통명사(common noun)

같은 종류의 동물이나 사물 등에 두루 쓰이는 명사로서 대부분은 일정한 모양을 갖추고 있기 때문에 셀 수 있는 명사고, 따라서 단수일 경우 부정관사 a, an을 붙인다. 복수(두 개 이상)일 경우 ~s, ~es를 붙인다. 또한 정해진 명사일 경우 정관사 the를 붙일 수 있다.

    hand, boy, pencil, table, flower, city

(2) 집합명사(collective noun)

사람 또는 사물의 집합체를 나타내는 것으로 셀 수 있는 명사다. 집합명사는 전체를 하나의 단위로 생각할 때는 단수 취급하고, 그 집합체 내의 구성원 개개인을 고려할 때는 복수 취급하는 경우가 있으니 이점에 주의해야 한다. 이것이 TOEIC 시험에 출제되는 유형 중 하나다.

family, class, people, police

All my **family** in the room **are** happy. (가족 구성원 개개인에 초점을 맞추므로 복수)

My **family** consists of four people. (하나의 단위로서 가족이기 때문에 단수)

집합명사를 단수로 취급할 경우 3인칭 현재 단수 동사에는 끝에 ~s, ~es를 붙인다는 점을 명심하도록 하자. 영작이나 시험에서 자주 실수하는 부분이다. '3인칭 현재 단수'라는 용어가 생소하다면 4장 대명사 부분과 5장 동사 부분을 열심히 학습하기 바란다.

Story Book

이것은 Albert Einstein에 관한 실화다. Einstein은 과학 연설을 했고, 그것은 다른 연설 engagements를 위해 over and over again 사용됐다. 똑같은 chauffeur가 매번 강연에 그를 데려 갔고, 항상 그는 강의를 듣는 auditorium 맨 뒤에 서 있었다.

어느 날 the chauffeur Harry는 Einstein에게 다음과 같이 말했다. "저는 당신의 연설을 너무 많이 들어서 know it by heart 했어요. As a matter of fact, 저는 그것을 너무 잘 알아서 우리가 신분을 바꾸면 저도 연설을 할 수 있을 것 같아요." 그래서 Einstein은 그의 제안을 받아들였다. 그들은 옷과 자리를 exchange했다. Einstein이 연설할 다음 장소에서 Einstein이 운전기사를 태워갔다. (Einstein의 옷을 입은) chauffeur는 소개되고, podium에 서게 되었다. 그러는 동안 운전기사의 옷을 입은 Einstein은 뒷자리에 서 있었다.

연설이 was over 했을 때 연구원 중 한 명이 질문을 했다. 그것은 아주 complicate한 것이었다. Harry는 그 연구원에게 다음과 같이 대답했다. "그 질문은 대답하기에 너무 간단하군요! 당신에게 그 질문이 얼마나 쉬운 질문인지 보여주기 위해 그 대답을 내 운전기사가 하도록 하겠습니다."

This is a true story about Albert Einstein. Einstein had a scientific speech that he used over and over again for different speaking engagements. The same chauffeur took him to each speaking engagement, and always stood in the back of the auditorium to listen.

One day the chauffeur, Harry, said to Einstein: "I've listened to your speech so many times that I know it by heart. As a matter of fact, I know it so well that we could trade places and I could give it." So, Einstein took him up on his offer. They exchanged clothes and places. At the next place Einstein was to speak, the chauffeur was driven by Einstein. The chauffeur, (in Einstein's clothes) was introduced and given the podium, while Einstein dressed as the chauffeur stood in the back.

When the speech was over, one of the research assistants asked him a question. It was a very complicated one. Harry replied to the assistant. "The answer to this question is very simple! To show you how easy your question is to answer, I'll let my chauffeur answer it for you."

- http://www.englishforums.com/English/EinsteinsChauffeur/bwjlm/post.htm

- engagement 계약, 약속
- chauffeur 고용 운전기사
- know it by heart 암기하다
- exchange 교환하다, 바꾸다
- be over 끝나다
- over and over again 계속해서, 되풀이해서
- auditorium 강단, 청중석
- as a matter of fact 사실은, 실은
- podium 연단, 강단
- complicate 복잡하게 하다, 복잡한

Crossword Puzzle

Across : 계약, 복잡한, 교환하다
Down : 청중석, 강단, 고용 운전기사

TOEIC exercise

관사(Article)

(1) 부정관사 : 셀 수 있는 단수 명사 앞에 와서 '하나의, 한 개의'란 뜻을 가진다.
- a는 뒤에 오는 명사의 첫 음이 자음일 때, an은 모음일 때 사용한다.
  a bike, a pen, an egg, an orange

(2) 정관사 : 화자와 청자가 모두 알고 있는 정해진 명사
- 앞에서 한 말을 다시 말할 때 그 말 앞에 붙인다.
  This is a house. The house is very beautiful.
- 처음 나오는 명사라도 서로(화자와 청자) 알고 있는 경우에 붙인다.
  Open the window, please
- 상식적으로 〈유일한 것〉을 가리키는 명사에 붙인다.
  the Sun, the Moon, the sea, the sky, etc.

(3) 무관사 : 고유명사, 불가산 명사, 관용어구

---

01 This is _____ true story about Albert Einstein.

　　(1) a　　　(2) an　　　(3) the　　　(4) 무관사

02 _____ Einstein took him up on his offer.

　　(1) A　　　(2) An　　　(3) The　　　(4) 무관사

03 _____ chauffeur in Einstein's clothes was introduced.

　　(1) A　　　　(2) An　　　(3) The　　　(4) 무관사

04 As _____ matter of fact, I know it so well that I could give it.

　　(1) a　　　　(2) an　　　(3) the　　　(4) 무관사

05 At _____ next place Einstein was to speak

　　(1) a　　　　(2) an　　　(3) the　　　(4) 무관사

06 When the speech was over, an assistant asked him _____ question.

　　(1) a　　　　(2) an　　　(3) the　　　(4) 무관사

07 It was very complicated one. Harry replied to _____ assistant.

　　(1) a　　　　(2) an　　　(3) the　　　(4) 무관사

08 _____ answer to this question is very simple!

　　(1) A　　　　(2) An　　　(3) The　　　(4) 무관사

09 It's time to go to _____ bed now.

　　(1) A　　　　(2) An　　　(3) The　　　(4) 무관사

10 My son goes to school by _____ bus.

　　(1) A　　　　(2) An　　　(3) The　　　(4) 무관사

Tips for Learning

 Student's Problem

전 영어 듣기가 전혀 안돼요. 들으려고 노력해도 들리지도 않고, 제가 하고 있는 방법이 맞는 건지도 모르겠어요. 듣기를 잘하려면 어떻게 해야 하나요?

 Expert's Answer

듣기는 연령에 따라서 1년~2년 동안 매일 들어야만 실력이 느는 것을 학습자 스스로 느낄 수 있습니다. 따라서 들어도 들리지 않는 기간이 장기간 지속되기 때문에 학습자가 쉽게 포기하는 원인이 됩니다. 듣기를 잘 하려면 1년 동안 매일 듣겠다고 다짐하고 제가 알려주는 다음 방법을 실천해 보세요. 매일 들어야 하므로, 내가 흥미있고 관심 있는 내용을 들어야 1년 이상 지속할 수 있습니다. 내가 좋아하는 애니메이션, 미국드라마, 영국드라마를 찾아보세요. 그런 후에 다음의 순서대로 해보세요.

Step 1   한글 자막으로 한 번 보고, 내용 파악.
Step 2   영어 자막으로 다시 보면서 모르는 표현은 사전 찾기, 한글 자막과 비교하면서 번역 이해.
Step 3   자막 없이 모든 내용이 들릴 때까지 반복.

여기서 자막 없이 보는 Step 3부터 듣기 훈련이 시작됩니다. 자막을 보면서 듣는 것은 듣기 능력 향상에 도움이 되지 않습니다. 시각이 먼저 발달하기 때문에 눈으로 먼저 보게 되므로 읽기(reading) 훈련입니다. 이것은 듣기 능력 향상으로 이어지지 않습니다. 무자막으로 들릴 때까지 반복해서 듣기를 지금부터 시작해보세요! 자막 없이 듣다가 안 들리는 부분은 자막을 확인하고 다시 자막 없이 듣기를 반복하세요. 인내가 실력을 만듭니다.

04

Today's Saying

If you are born poor, it is not your mistake.
But if you die poor, it is your mistake.

가난하게 태어난 것은 당신의 잘못이 아니지만,
가난하게 죽는 것은 당신의 잘못이다.

- Bill Gates

대명사

혹시 부모나 사회를 원망하며 자신의 신세를 한탄한 적이 있는가? 이 말은 그런 사람들을 위해 '자신의 삶은 스스로 책임져라'고 말하고 있다. Bill Gates는 하버드 대학을 다니다가 중퇴하고 Paul Allen과 함께 Microsoft Corporation을 설립한 미국의 기업인으로, 현직에서 물러나 현재는 Gates Foundation(게이츠 재단)을 통해 noblesse oblige를 실현하고 있다.

위 문구는 다음의 속담을 패러디(parody)한 것으로 보인다.

If you are born in the gutter it is not your fault.
But it is your fault if you die there.

- if 만일 ~라면
- gutter 도랑

Keypoint

대명사(pronoun), 인칭대명사(personal pronoun), 지시대명사(demonstrative pronoun)

Grammar

1 인칭대명사(Personal pronoun)

영어는 반복하는 것을 싫어한다. 그래서 명사의 반복을 피하기 위해 대명사가 필요하다. 한국말도 그렇다. '영희'라는 말을 반복하기 보다는 앞에 한 번 '영희'라는 명사가 나왔으면 그 다음엔 '그녀'라는 대명사를 사용하기 마련이다. 대명사란 말 그대로 명사를 대신하는 말이다. 대명사에는 크게 인칭대명사와 지시대명사로 나뉜다.

우선 인칭대명사에 대해서 알아보자. 인칭대명사는 사람의 이름을 대신 사용하는 말이다. 예를 들어 Jane이라고 했다면 인칭대명사는 she인 것이다. 인칭대명사를 본격적으로 배우기 전에 본인이 대명사에 대해서 얼마나 아는지 빈칸을 먼저 채워보자. 이 때 Be Verb(be 동사)는 현재와 과거형을 모두 써보자.

인칭	주격	be Verb	소유격	목적격	소유대명사	재귀대명사
1 단수	I					
1 복수	We					
2 단수	You					
2 복수	You					
3 단수	She					
	He					
	It					
3 복수	They					

그럼 정답과 함께 본인이 어느 정도 맞았는지 비교해 보고, 반드시 틀린 부분에 대해서 암기하고 숙지해 놓도록 하자. 인칭대명사는 영어에서 자주 쓰일 뿐만 아니라 영어의 기본이다.

인칭	주격	be Verb	소유격	목적격	소유대명사	재귀대명사
1 단수	I	am / was	my	me	mine	myself
1 복수	We	are / were	our	us	ours	ourselves
2 단수	You	are / were	your	you	yours	yourself
2 복수	You	are / were	your	you	yours	yourselves
3 단수	She	is / was	her	her	hers	herself
3 단수	He	is / was	his	him	his	himself
3 단수	It	is / was	its	it	-	itself
3 복수	They	are / were	their	them	theirs	themselves

(1) 인칭

1인칭은 '나'를 지칭한다. 1인칭 복수 즉, 나를 포함한 사람들은 '우리'라고 하여 1인칭 복수 형태가 된다. 2인칭은 '너'를 가리킨다. 2인칭 복수는 너를 포함한 두 명 이상의 사람들을 말하고, '너희들'을 뜻한다. 2인칭의 경우 재귀대명사를 제외하고 단수와 복수의 형태가 동일하다. 3인칭은 '나'와 '너'를 제외한 모든 것은 다 3인칭이다.

막연한 일반인을 지칭할 경우 we, you, they를 사용한다.

We should keep our promise.
They speak English in America.
You need to make the best of your time.

(2) 주격과 be 동사

주격이라는 말은 문장의 맨 앞에서 주어 역할을 하는 대명사를 뜻한다. 주격은 국어의 주어와 같은 개념으로 해석은 '은, 는, 이, 가'로 한다. 영어에서는 주어가 문장의 맨 앞에 오고, 그 뒤에 동사가 온다. 주어와 동사의 관계는 3인칭일 경우 주의해서 살펴봐야 한다. 주어가 단수와 복수인지에 따라 동사에 수 일치를 시켜줘야 하기 때문이다. 주어가 3인칭이고, 현재 시제이며 단수일 경우(3인칭 현재 단수) 동사와의 일치가 TOEIC에서 자주 출제된다. 주격 대명사의 인칭에 따라 be 동사의 형태가 달라진다. 동사에는 시제가 있다. 동사의 시제와 관련된 부분은 5장 동사와 조동사 부분에서 자세하게 다룰 것이다. 여기서는 동사의 시제에는 기본적으로 현재와 과거가 있다는 정도만 언급하겠다. be동사와 일반 동사에서 3인칭 현재 단수일 경우 동사의 끝에 〈~s, ~es〉를 붙인다는 문법이 있기 때문에 3인칭 단수의 be 동사는 모두 'is'이다. 모든 복수형 be 동사는 'are'이고 과거형은 'were'가 된다.

(3) 소유격

소유격은 '~의'란 뜻으로 소유격 뒤에는 항상 명사가 온다. 이것도 TOEIC에서 응용문제로 잘 나오는 출제유형이다. 대명사의 개념을 잘 이해하면 관계대명사의 이해도 훨씬 수월해 진다. 위 표에서 1인칭과 2인칭 소유격이 굵게 처리된 것을 확인할 수 있을 것이다. 소유격을 확실히 알면 소유대명사와 재귀대명사도 자동적으로 알게 된다. 1인칭과 2인칭 소유대명사와 재귀대명사의 형태를 보면 소유격에서 파생했다는 것을 알 수 있다. 소유격을 강조할 경우 소유격 바로 뒤에 own을 붙여준다.

This is **my own** painting.
He would like to have a car of **his own**.

(4) 목적격

목적격은 '~을, ~를'로 해석되며 보통 타동사 뒤에 위치한다. 영어의 어순은 〈주어 + 동사 + 목적어〉라는 것을 잊지 말자. 수여동사(4형식)의 경우 직접목적어와 간접목적어가 있는데 직접목적어는 주로 사물이고, 간접목적어가 사람을 나타내므로 수여동사에서 인칭대명사는 '~에게'라는 의미의 간접목적어로 해석하게 된다.

Bradely gave me some books.
I love you.
You like him.

위의 문장에서 give라는 수여동사에 쓰인 me는 '나를'이라고 해석하지 않고, '나에게'라고 해석한다. 여기서 somebooks가 직접목적어고 me는 간접목적어이기 때문이다. I love you에서 you는 목적격이므로 '너를'이라고 해석한다. you의 경우 주격과 목적격이 동일하므로 위치에 따라서 문장의 맨 앞에 있으면 '너는'처럼 주격으로 해석하고, 타동사 뒤에 있으면 '너를'이라고 목적격으로 해석한다.

또한 목적격에서 한 가지 더 알아야 할 것은 전치사의 뒷자리가 목적격 자리라는 것이다. 전치사 뒤에 나오는 명사를 '전치사의 목적어'라고 한다. 전치사 뒤에 나올 수 있는 인칭대명사는 목적격만 가능하다.

I sent the letter to her.
She wanted to go shopping with you.

(5) 소유대명사

소유대명사는 '~의 것'이라는 뜻으로 1인칭 mine은 '나의 것'이라는 뜻이다. 1인칭 단수를 제외하고 1인칭 복수와 2인칭, 3인칭의 소유대명사를 만드는 공식은 다음과 같다.

소유대명사 = 소유격 + s
(~의 것)   (~의)   (것)

여기서 한 가지 예외가 더 있는데 그것은 his의 소유대명사다. 그러나 이것 역시 영어의 원리를 생각하면 쉽게 해결된다. 소유격 his는 끝 음이 s인데 또 s를 붙여서 연달아 s를 두 번 발음하면 발음하기 불편해진다. 따라서 〈동일 유사 자음은 한 번만 발음한다)는 원칙으로 인해 his의 소유대명사는 소유격과 동일한 his가 되는 것이다. 3인칭 it은 사람이 아니라 사물을 지칭한다. 따라서 '~의 것'이라는 소유대명사는 사람만이 가능하다. 따라서 it은 소유대명사의 존재가 불가능하므로 표에서 빈칸으로 남겼다.

소유격은 명사 앞에 위치하여 명사의 의미를 좁혀주는 한정사 역할을 한다. 동시에 쓰일 수 없는 한정사가 있다. a, an, the의 관사와 소유격은 동시에 쓸 수 없다. 그래서 '나의 한 친구'라는 표현을 my a friend라고 표현하지 않는다. my와 a는 동시에 쓰일 수 없기 때문이다. 올바른 표현은 a friend of mine이다. 이를 '이중소유격'이라고 한다. 명사에 관사(a, an, the), no, 지시형용사(this, that), any, some 등의 한정사가 붙을 때는 동시에 두 개 이상 같이 올 수 없으므로 〈한정사 + 명사 + of + 소유대명사〉의 형태로 만들어야 올바른 표현이 된다.

　　　　Not too long ago, a male friend of mine got divorced.
　　　　　　　　　(a my friend - ×)
　　　　He gave me an old coat of his.
　　　　　　　　　(a his coat - ×)
　　　　That is no business of yours.
　　　　　　　　　(no your business - ×)

(6) 재귀대명사

재귀대명사는 재귀적 용법과 강조적 용법으로 나뉜다. 먼저 재귀대명사를 만드는 공식은 다음과 같다.

> 단수일 경우 : 1인칭과 2인칭 소유격 + self
> 　　　　　　 3인칭 목적격 + self
> 복수일 경우 : 1인칭과 2인칭 소유격 + selves
> 　　　　　　 3인칭 목적격 + selves

재귀대명사는 소유격이나 목적격 뒤에 self나 selves를 붙여서 만드는데, 단수일 경우 self, 복수일 경우 f를 v로 고치고 ~es를 붙이는 공식이 적용되어 selves가 된다. 재귀대명사는 1인칭과 2인칭의 경우 소유격 뒤에 self 또는 selves를 붙이고, 3인칭의 경우 목적격에 self 또는 selves를 붙인다.

☐ 재귀적 용법

주어의 동작이 주어 자신에게 돌아가는 경우를 말하며, 동사 또는 전치사의 목적어로 사용된다. 또한 재귀적 용법으로 쓰일 경우 생략이 불가능하다. 영어에서는 한 문장에서 주어와 동일한 명사를 지칭할 때는 반드시 재귀대명사를 써야 한다.

He killed himself.
 cf) He(John) killed him(Jason).
She looked at herself in the mirror.

☐ 강조적 용법

주어, 목적어, 보어의 뜻을 강조하기 위해 쓰는 재귀대명사로 생략이 가능하다.

Jane did the work herself.
Jane herself did the work.
Life itself is a journey.
He is kindness itself.
I don't love her herself.

☐ 전치사 + 재귀대명사의 관용어구

She goes there by herself. (by oneself 혼자서, 홀로)
You can not live for yourself. (for oneself 혼자 힘으로, 스스로)
The light went out of itself. (of itself 저절로)

(7) it의 용법

날씨, 거리, 계절 등에 쓰이는 it은 비인칭 주어라고 해서 특별히 해석하지 않고, 주어 자리를 채우기 위해 쓰인다.

>It's cold today.
>It's two thirty.
>It's Monday.

영어는 주어 자리가 긴 것을 피한다. 따라서 길면 뒤로 보내고, 짧은 it을 가짜 주어로 주어 자리를 채운다. 이것을 가주어 it 이라고 한다.

>It is difficult to make a good friend.
>(To make a good friend is difficult)
>It is true that he is honest.
>(That he is honest is true)

2 지시대명사(Demonstrative pronoun)

지시대명사는 사람이나 사물을 가리키거나 앞뒤의 문장이나 내용을 나타낸다. 지시대명사의 종류에는 this(복수형 these)와 that(복수형 those)이 있다.

(1) 가까우면 this(these), 멀면 that(those)

보통 가까이 있는 사물이나 사람은 this를 쓰고, 멀리 있는 것을 지칭할 때는 that을 쓴다.

>This is my pen.
>This is my brother.

Is **that** your mother?
That is my place.

This는 가까이 있는 것을 가리키므로 후자가 되고, that은 멀리 있는 것을 가리키므로 전자가 된다. 이것은 지칭하는 명사와의 위치를 기준으로 멀고 가까운 것을 판단한다. 예문을 통해서 살펴보자.

Love and money are both important, but sometimes **that**(=love) does more than **this**(money).

위치를 봤을 때 that은 멀리 있는 명사를 지칭하므로 love와 money중 love가 멀리 떨어져 있으므로 that을 쓰고, money는 지칭하는 위치에서 love보다 가까우므로 this를 쓴다. 그래서 문장에서 전자는 that이 되고, 후자는 this가 되는 것이다.

(2) 지시형용사

지시대명사 다음에 명사가 오면(this book) 명사를 수식하므로 형용사 역할을 한다. 따라서 지시형용사라고 부른다. 여기서는 간단한 예문만 살펴보고, 6장 형용사와 부사 편에서 지시형용사에 대해 자세히 다루기로 하자.

This pen is mine.
That person is very tall.

(3) ⟨the + 명사⟩는 that(those)으로 받는다.

명사의 반복을 피하기 위해 ⟨The+명사⟩가 되풀이 될 때 that으로 받는다. 이때 지시하는 대명사가 복수일 경우 that의 복수형인 those를 쓴다는 점에 유의하자.

The climate of Korea is milder than **that** of China.
The houses of Seoul are more expensive than **those** of other cities.

(4) 앞 문장 전체를 받는 this와 that

He didn't say anything. That made me angry.
He did not say anything, and this made me angry.

this는 뒤에 나오는 문장을 가리키기도 한다.

The difference is this: he is more generous than hers.

(5) those who ~하는 사람들 (those = people)

TOEIC에서 자주 출제되는 구문으로 〈~하는 사람들〉이라는 표현을 통째로 'those who'라고 외우기도 한다. 이 부분은 뒤에 관계대명사 부분에서 자세히 배우게 될 것이다.

Heaven helps those who help themselves.
Only those who can afford the plastic surgery can change their looks.

Story Book

이 이야기는 제가 태어나기 이전에 시작됩니다. 나의 biological 어머니는 어렸고, unwed 대학원생이었습니다. 그녀는 저를 adoption 보내기로 결심했습니다. 어머니는 저를 대학 나온 가정으로 adopted 하기로 굳게 마음먹었습니다. 그래서 저는 태어나자마자 변호사 부부에게 adopt 되기로 모든 준비가 되어 있었습니다. Except가 있다면 제가 태어났을 때 이 부부는 마지막 순간에 여자 아기를 정말로 원해서 입양하기로 결정했다는 것입니다. 그래서 저의 양부모님들은 대기자 명단에 올라가 있다가 한밤중에 전화로 요청을 받았습니다. "우리는 unexpected 남자아이를 낳았는데, 이 아이를 원하십니까?" 그들은 대답했습니다. "물론이죠" 나의 biological 어머니는 나중에 나의 양어머니가 대학을 졸업하지 않았고, 양아버지는 고등학교도 졸업하지 못했음을 found out하게 됩니다. 그녀는 adoption 서류에 서명하는 것을 refuse했습니다. 생모가 몇 달 후에 마음을 relent한 것은 나의 양부모님이 나를 대학에 보내겠다고 약속을 한 이후였습니다. 이것이 제 인생의 시작입니다.

It started before I was born. My biological mother was a young, unwed graduate student, and she decided to put me up for adoption. She felt very strongly that I should be adopted by college graduates, so everything was all set for me to be adopted at birth by a lawyer and his wife. Except that when I popped out they decided at the last minute that they really wanted a girl. So my parents, who were on a waiting list, got a call in the middle of the night asking: "We got an unexpected baby boy; do you want him?" They said: "Of course." My biological mother found out later that my mother had never graduated from college and that my father had never graduated from high school. She refused to sign the final adoption papers. She only relented a few months later when my parents promised that I would go to college. This was the start in my life.

- Apple의 창시자인 Steve Jobs의 Standford 대학 졸업식 연설에서 발췌함

- biological 생물학적인
- adoption 입양 (cf, adaption 즉응, 적응)
- find out(found out) 발견하-다, 알다
- relent 누그러지다
- graduate student 대학원생
- unwed 결혼하지 않은, 미혼의
- except ~을 제외하고, ~이외에는, ~은 예외로 하고
- refuse 거절하다, 거부하다
- pop out 별안간 나오다
- unexpected 예상치 못한, 의외의

Letter Scramble

1. E N T R L E
   누그러지다

2. I O L G C L A O B I
   생물학적인

3. N D E W U
   미혼의

4. D A T P N O O I
   입양

5. S U R E E F
   거절하다

6. C X U N E P D T E E
   예기치 않은

TOEIC exercise

대명사

(1) 인칭대명사 : 3인칭 현재 단수일 경우 주어와 동사의 일치 주의
(2) 지시대명사 : this와 that의 복수형 these와 those가 있으므로 지칭하는 명사와의 수 일치에 유의

01 It started before I was born. _____ biological mother was a young.

(1) I   (2) My   (3) Me   (4) Mine

02 She decided to put _____ up for adoption.

(1) I   (2) my   (3) me   (4) mine

03 Everything was all set for _____ to be adopted at birth by a lawyer.

(1) I   (2) my   (3) me   (4) mine

04 When _____ popped out they decided at the last minute, they got a call.

(1) I   (2) my   (3) me   (4) mine

05 Heaven helps _____ who help themselves.

   (1) this   (2) that   (3) these   (4) those

06 _____ was the start in my life.

   (1) This   (2) That   (3) These   (4) Those

07 The climate of Korea is milder than _____ of China.

   (1) this   (2) that   (3) these   (4) those

08 The houses of Seoul are more expensive than _____ of other cities.

   (1) this   (2) that   (3) these   (4) those

09 He killed _____ so his parents fainted.

   (1) he   (2) his   (3) him   (4) himself

10 Love and money are both important, but sometimes _____ (=love) does more than _____ (=money).

   (1) this-that   (2) these-those
   (3) that-this   (4) those-these

Tips for Learning

 Student's Problem

영어에서 막막한 부분 중 하나가 쓰기에요. 어디서부터 어떻게 시작해야 할지도 모르겠어요. 재미있게 writing 실력을 늘릴 수 있는 방법은 없을까요?

 Expert's Answer

쓰기는 혼자서 학습하기 참 어렵습니다. 그렇다고 방법이 없는 것은 아니에요. 두 가지 방법을 알려 드릴게요. 하나는 영어 채팅 사이트를 활용하는 것입니다. 오메글(http://omegle.com)이란 web site에 가면 회원가입 없이 바로 전 세계의 사람들과 영어로 채팅을 할 수 있습니다. 채팅으로 먼저 조금씩 쓰기 시작하다가, 친구를 사귀어 이메일을 주고받으면서 점점 형식적인 글쓰기로 옮겨가면 영작 연습이 자연스럽게 됩니다. 또 다른 방법은 스마트폰(Smart-phone)을 활용한 채팅인데요. 스마트폰이 있는 학생은 지금 바로 마켓에서 〈e-penpal〉이라는 어플을 다운받아서 설치해 보세요. 자기소개를 간단히 적으면 전 세계의 사람들과 접속해서 실시간으로 채팅할 수 있습니다. 〈e-penpal〉에서는 채팅을 원하는 사람의 연령과 국가도 지정할 수 있고, 음성 채팅도 가능합니다. 요즘은 컴퓨터에 앉아서 인터넷으로 채팅하던 시대가 지나고 스마트폰을 활용해 언제 어디서나 채팅을 할 수 있는 시대로 변화하고 있습니다. 이밖에도 유용한 스마트폰 어플이나 인터넷 web site가 많으니 한번 찾아서 활용해 보세요. 외국인 친구도 사귀고, 실제로 쓰는 살아 있는 영어도 배우는 일석이조의 효과가 있을 겁니다.

05

Today's Saying

In a day, when you don't come across any problems you can be sure that you are traveling in a wrong way.

당신이 하루 종일 아무런 문제에 부닥치지 않는다면 당신은 잘못된 길을 걷고 있는 것이다.

- Swami Vivekananda

동사와 조동사

　Vivekananda(비베카난다, 1862~1902)는 인도의 종교 지도자로 세속을 떠나 히말라야 산중에서 6년 간 수도한 후 이미 지니고 있던 서구의 교양과 지성 위에 힌두교 신앙을 덧씌워 발전시켰다. 1983년 미국 시카고에서 열린 세계 종교 회의에서의 연설은 동양과 서양의 정신적 융합을 강조하면서 큰 반향을 불러일으켰다. 오늘 하루를 정리하면서 혼자 생각할 시간을 가져보자. 내게 문제가 있다는 것은 변화하고 싶다는 것이고, 그 변화가 나를 성장시킬 것이다. 그러나 아무런 문제도 없었다면 난 어떤 시도도, 노력도, 변화도 없었던 하루는 아니었는지 자신을 되돌아보자.

- come across 조우하다, 부딪치다, 우연히 만나다
- be sure 틀림없이, 확실히

Keypoint

동사(verb), 조동사(auxiliary verb), 시제(tense)

Grammar

1 동사(Verb)

문장의 핵심은 동사다. 동사는 영어를 이해하는데 꼭 필요한 부분이다. 여기에서는 동사의 시제(현재, 과거)와 2장에서 다뤘던 동사의 다섯 가지 종류를 더 자세히 다룬다.

(1) 동사의 시제(tense) - 현재와 과거

동사에서 시제의 기준은 동사에 접미사가 붙는지 여부에 따라서 구분된다. 다시 말하면 walk라는 동사의 현재 시제에 과거형 접미사 'ed'가 붙어서 walked가 되면 과거 시제라고 한다. 그러나 조동사의 도움을 받는 will walk는 시제라고 표현할 수 없다. 그 이유는 동사에 접미사가 붙은 형태가 아니기 때문이다. 그래서 영어에는 시제가 현재와 과거 두개밖에 없다고 말하는 것이다. 그러나 편의상 현재, 과거, 미래를 구분해서 설명하기 위해 미래를 시제에 포함하는 경우도 있다. 미래를 나타내는 will은 조동사 부분에서 다룰 예정이니 여기에서는 현재와 과거의 시제에 대해서만 살펴보겠다.

(2) 현재 시제

현재 시제는 보통 동사에 접미사를 붙이지 않은 기본형이다. 하지만 3인칭 현재 단수일 경우는 동사 끝에 '~s, ~es'를 붙인다. 보통은 ~s를 붙이고, ~es를 붙이는 경우는 다음과 같다.

~s, ~ch, sh, ~x로 끝나는 동사 : focuses, approaches
~o로 끝나는 동사 : goes, does

She goes to school in the morning.
John has an exam now.

과학적 진리나 불변의 사실(항상 현재)
The Earth goes round the Sun.
Three and three makes six.

왕래발착동사(go, start, leave, depart, arrive, return)+미래부사(next, tomorrow)
→ 현재가 미래를 대신한다.

She leaves for Boston tomorrow morning.

시간이나 조건을 나타내는 부사절(When, by the time ~할 때쯤이면, if)은 현재가 미래를 대신한다.

I will call you when he arrives.
I will stay at home if it rains tomorrow.

cf) 명사절은 시제를 일치시킨다.
I will let you know when he will arrive. (그가 언제 도착하는지
S   V   O   O.C(vt + o)   알려줄게.)
I won't know if he wil be happy. (그가 행복한지 아닌지 난 모를거야.)
S   V   O

(3) 과거 시제

동사의 과거 시제는 크게 규칙 동사와 불규칙 동사로 나뉜다. 규칙 동사는 과거 시제를 나타낼 때 끝에 ~ed를 붙여준다. 그러나 불규칙 동사는 다양한 형태가 있으므로 흔히 암기하라고 한다. 불규칙 동사는 영어에서 아주 중요하다. 그 이유는 불규칙 동사는 사용빈도가 아주 높아서 일상생활에서 가장 많이 쓰이기 때문이다. 영어가 모국어인 미국의 아동은 규칙 동사보다 불규칙 동사를 먼저 습득한다. 그 이유는 불

규칙이 규칙보다 더 많이 사용되기 때문이다.

  사실 불규칙이라고 하지만 불규칙 동사도 고대에는 규칙 동사였다. 그러나 그 규칙이 다양하고 많아서 불규칙이라고 칭한 것이다. 규칙동사의 ~ed만 붙이는 간단한 방법과 비교하면 복잡하기 때문이다. 불규칙 동사는 가장 많이 쓰이는 기본 동사로 그 수가 많지 않으므로 반드시 암기해야 한다.

  여기서 불규칙 동사를 얼마나 알고 있는지 빈칸을 채워보자.

type	No	단어(현재형)	뜻	과거
type 1	1	cost		
	2	cut		
	3	hit		
	4	hurt		
	5	put		
	6	quit		
	7	shut		
type 2	8	lend		
	9	send		
	10	spend		
	11	build		
type 3	12	light		
type 4	13	keep		
	14	sleep		
	15	feel		
	16	shoot		
	17	meet		
type 5	18	dream		
	19	mean		

	20	bring		
type 6	21	buy		
	22	fight		
	23	Seek		
	24	think		
type 7	25	catch		
	26	teach		

불규칙 동사는 spelling으로 규칙성을 예측할 수 있다. 여기 나온 불규칙 동사의 특징은 과거형이 모두 '~t'로 끝난다는 것이다. 예전에는 t가 과거를 나타내는 접미사였다. 두 번째 특징은 모음이 짧다는 것이다. 모음이 짧다는 것은 이중모임이나 장모음이 아니라 단모음으로 발음된다는 의미이다. type 1에서 type 7까지의 유형을 보고 규칙이 무엇인지 살펴보자.

□ **type 1 : 현재형과 과거형이 같은 유형(현재형 = 과거형)**

1번부터 7번까지의 단어를 보면 모두 t로 끝나는 공통점이 있다. 그리고 모음이 단모음이다. 따라서 두 가지 조건을 모두 갖췄다. 끝이 t로 끝나고, 모음이 단모임인 조건을 모두 갖춘 것이다. 따라서 고칠 것이 없기 때문에 현재형이 곧 과거형이 되는 것이다.

□ **type 2 : d를 t로 고치는 유형**

8번에서 11번까지는 모음이 단모음이어야 한다는 조건은 갖췄지만 끝이 t로 끝나지 않았기 때문에 d를 t로 고쳐주면 과거형이 된다.

□ **type 3 : 모음을 길게 하는 요소를 제거하는 유형**

light는 발음이 [lait]이다. 도음[ai]는 이중 모임이다. 끝이 t로 끝나는 조건은 갖췄지만, 단모임의 조건을 갖추지 못했기 때문에 이중모음으로 만드는 요소인 spelling ⟨gh⟩를 없애면 lit가 되어 단모음이 된다. 따라서 light의 과거형은 lit가 되는 것이다.

□ **type 4 : 모음을 짧게 만들고, t를 붙이는 유형**

type 3의 light는 자음인 ⟨gh⟩때문에 모임이 길어져서 ⟨gh⟩를 없앴지만, type 4는 모음 자체가 장모음이다. ⟨ee⟩는 장모음 [i:]로 발음이 된다. 따라서 spelling 'e'를 하나 제거하면 ⟨e⟩가 되고 발음도 짧게 [e]로 변한다. 그리고 끝에 t를 붙여준다. 예를 들어 keep의 ⟨ee⟩에서 ⟨e⟩를 제거하면 kep가 된다. 여기에 t를 붙이면 kept가 되고 과거형이 되는 것이다. 여기서 shoot와 meet는 t로 끝났으므로 모음만 하나 제거하고, t가 이미 있으므로 이중으로 또 t를 붙여줄 필요가 없다. 따라서 과거형은 각각 shot와 met가 되는 것이다.

□ **type 5 : 비음으로 끝날 때는 끝에 t만 붙여준다.**

⟨m, n, ng⟩은 발음을 해보면 코가 찡한 것을 느낄 수 있을 것이다. 이것은 콧소리로 다른 자음과 그 성격이 다르다. 따라서 맨 끝에 t만 붙여주고, 모음은 그대로 둔다. 대신 발음은 짧게 발음한다. dreamt[dremt], meant[ment]로 변한다.

□ **type 6 : 첫 자음 + ought[ɔt]**

이 유형은 앞에 첫 자음만 남기고 나머지는 모두 제거한다. 그리고 뒤에 ought를 붙이고 발음은 [ɔt]로 한다. 예를 들어 bring의 첫 자음은 ⟨br⟩이다 여기에 ⟨ought⟩를 붙이면 brought가 된다. 발음은 [brɔt]가 되는 것이다. 나머지도 이런 방법으로 해보자.

□ **type 7 : 첫 자음 + aught[ɔt]**

이 유형은 type 6과 방식은 동일한데, ought대신 aught를 붙이면 된다. 즉 첫 자음만 남기고 뒤에 aught를 붙인다. 예를 들어 catch의 첫 자음 c에다가 aught를 붙이면 caught가 과거형이 된다. 발음은 [kɔt]가 된다.

그럼 답을 보면서 본인이 쓴 과거형이 맞았는지 확인해 보자.

type	No	단어(현재형)	뜻	과거
type 1	1	cost	소비하다	cost
	2	cut	자르다	cut
	3	hit	때리다	hit
	4	hurt	다치게 하다	hurt
	5	put	놓다	put
	6	quit	그만두다	quit
	7	shut	닫다	shut
type 2	8	lend	빌려주다	lent
	9	send	보내다	sent
	10	spend	소비하다	spent
	11	build	짓다	built
type 3	12	light	밝게 하다	lit
type 4	13	keep	유지하다	kept
	14	sleep	자다	slept
type 5	15	feel	느끼다	felt
	16	shoot	쏘다	shot
	17	meet	만나다	met
	18	dream	꿈꾸다	dreamt
	19	mean	의미하다	meant
type 6	20	bring	가져오다	brought
	21	buy	사다	bought
	22	fight	싸우다	fought
	23	Seek	찾다, 구하다	sought
	24	think	생각하다	thought
type 7	25	catch	잡다	caught
	26	teach	가르치다	taught

이제는 불규칙 과거형을 보면 유추할 수 있을 것이다. 다음 예를 통해 응용해보자.

find-found
wind-wound
grind-ground

위에서 끝에 〈~ind〉로 끝나는 유형의 동사는 과거형이 〈~ound〉로 끝난다는 공통점을 찾았을 것이다. 앞으로 불규칙 과거형을 접한다면 사용 빈도수가 높은 동사이고 기본이 되는 동사이므로 반드시 외우고, 과거형의 규칙을 스스로 찾아서 더 암기하기 쉬운 방법을 찾아보자.

(3) 동사의 종류

□ **완전자동사(intransitive verbs)**

in은 부정접두사이고 trans는 이동하다는 뜻으로 타동의 뜻이다. intransitive는 타동사가 아니라는 뜻으로 즉, 완전자동사란 의미이다. 즉, 도와주는 보어가 없어도 문장이 완성되는 동사라는 뜻이다. 완전자동사가 쓰인 문장을 1형식 문장이라고 한다.

주어 + 완전자동사
She went home.
The sun rises.
The Earth goes around the Sun.
Time flies when you are having fun.

주어 + 완전자동사 + **필수부사구**
His job paid **well** a few years ago.
It fits **well**.

완전자동사라는 의미는 문장성분(주어, 서술어, 목적어, 보어) 중 주어와 동사만 필요하지만 위의 유형처럼 필수적으로 부사구가 있어야 하는 완전자동사도 있다. 여기서 부사를 빼면 비문이 된다. 그동안의 편견을 깨고, 완전자동사라도 필수적으로 부사가 와야 하는 유형이 있다는 것을 알아두자.

be동사도 완전자동사(1형식)로 쓰일 때가 있다.

　　I'm just here.
　　I think, therefore, I am.

위의 문장에서 be동사의 의미는 '있다, 존재하다'의 의미이다. 따라서 be동사 뒤에 부사구나, 보어가 없어도 문장이 형성된다.

□ **불완전자동사, 연결동사(link verb)**

불완전자동사란 동사만으로는 의미를 정확히 알 수 없기 때문에 보어가 반드시 필요한 문장이다. 우리가 알고 있는 be동사가 대표적인 불완전자동사다. 불완전자동사가 있는 문장을 2형식 문장이라고 한다. 이런 동사를 연결동사(link verbs)라고도 한다. be 동사가 연결동사로 쓰일 경우 조동사 역할도 해서, 부정문을 만들 때는 be 동사 뒤에 not을 붙이고, 의문문을 만들 때는 be동사를 문장의 맨 앞으로 옮긴다. 예문을 통해 살펴보자.

　　주어 + 불완전자동사 + 형용사
　　He is a student.　He is not a student.　Is he a student?
　　Minsu became a famous teacher.
　　That sounds great.
　　It's getting better.
　　She never gets upset.
　　Sue feels very tired.
　　That sounds great!

It smells good.

Dreams come true.

☐ 완전타동사(Transitive verbs)

완전타동사는 보어 없이 주어, 동사, 직접목적어만으로 문장이 구성된다. 완전타동사가 있는 문장을 3형식 문장이라고 한다.

주어 + 완전타동사 + 목적어

I love you.

He resembles his mother.

I don't know what to do.

She makes a reservation at the hotel.

완전타동사라 할지라도 뒤에 필수적으로 부사구를 필요로 하는 타동사가 있다. '놓다'의 의미인 put, place가 대표적인 유형인데 엄밀히 말하면 put이나 place는 단순히 '놓다'라는 의미가 아니라 '~을 ~에 놓다'가 더 정확한 표현이다. 반드시 처소격(위치를 나타내는) 전치사를 필요로 하기 때문이다.

He puts the money in my pocket.

Jane placed the ball on the desk.

☐ 불완전타동사(verbs with an object complement)

불완전 타동사는 주어, 동사, 목적어, 목적격보어(또는 목적보어)로 구성된다. 목적어의 의미를 보충해주는 목적격보어가 추가된 형태다. 불완전타동사가 있는 문장을 5형식 문장이라고 한다. 여기서 목적어와 목적보어의 관계는 주어와 동사의 관계와 유사하다. 5형식을 어려워하고 해석을 3형식처럼 해석하는 경우가 종종 있으므로 5형식 동사를 유의해서 살펴보자.

주어 + 불완전타동사 + 목적어 + 목적보어(명사 또는 형용사)
　　　　　　　　　　　주어와 동사관계

Mike makes his girlfriend happy.
We elected him president.
Please keep the window closed.
I like my juice cold.
I considered what I did foolish.

□ 수여동사(Verbs with two objects)

수여동사는 영어 고유의 특징이다. '~에게 ~을 주다'의 의미를 나타내는 동사를 수여동사라고 한다. 수여동사가 있는 문장을 4형식 문장이라고 한다.

주어 + 수여동사 + 간접목적어(사람) + 직접목적어(사물)
He made her a doll.
They gave her a lot of pens.
She sent me e-mails.
I would like to ask you a favor.

수여동사는 3형식으로 바꿀 수 있다. 바꿀 때는 간접목적어를 맨 뒤로 옮기면서 앞에 전치사를 붙인다.

주어 + 수여동사 + 직접목적어 + 전치사 + 간접목적어
He made a doll for her.
They gave a lot of pens to her.
She sent e-mails to me.
I would like to ask a favor of you.

4형식을 3형식을 바꿀 때 전치사는 동사에 따라서 to, for, of 세 가지 종류로 나뉜다.

① for : buy, make, build, find, order 등 간접목적어가 간접 수혜자일 경우
② of : ask 등 직접목적어가 부탁(favor)이나 질문(question)일 경우
③ to : ①과 ②를 제외한 모든 수여동사에는 to를 쓴다.
　　　(간접 목적어가 실제 수혜자)

② 조동사(Auxiliary verbs)

조동사에는 do, can, may, must, will, should 등이 있다. 조동사 뒤에 not을 붙여서 부정문을 만들고, 조동사를 문두로 이동시켜 의문문을 만든다. 조동사 뒤에는 동사 원형이 온다는 것을 기억하자. 이 부분도 TOEIC에서 출제되는 유형 중 하나다.

(1) do(does, did)

do는 일반 동사를 의문문이나 부정문을 만들 때 주로 쓰인다.

　　Do you love me?
　　I don't love you.

또한 강조를 위해 쓰이기도 한다.

　　I do love you.
　　I did love you.

(2) can

□ 능력(ability)

I can do it.

I can walk more.

He can afford a new car.

□ 허락(permission)

You can not separate in the forest.

Can I have your name?

□ 가능성(possibility)

It can not be true.

Drinking a lot can cause stomach cancer.

□ could 공손한 표현

Could you open the door?

Could I have your name?

(3) may

□ 허가 (can 보다 격식체)

May I have your name please?

You may go home.

□ 가능성

I may be wrong.

This book may be very interesting for you.

- **might 약한 추측**

    I might be wrong

(4) must

- **의무(obligation)**

    He must be back by 9 o'clock.
    You must do the work at once.

- **강한 추측(necessity)**

    He must be wrong.
    He must be an American.

(5) will

- **미래, 예측**

    Everything will be fine.
    If you study hard, you'll find a good job.
    She will come here next month.

- **의지**

    I will call you tomorrow evening.
    I'll do it.

- **would**

    He wouldn't eat anything. (will의 과거)
    My mother would take us to the park. (과거의 습관)
    I would be happy in America. (가능성)

(6) should

- 의무

    You should get a job.

    Children should listen to their parents.

- 후회(should + have + pp)

    You should have done it there.

    You should have told me at that time.

Story Book

　17년 후 저는 정말로 college에 갔습니다. 하지만 naively 이곳 Stanford 대학만큼이나 tuition이 비싼 대학을 선택했고, working-class였던 부모님은 평생의 savings를 모두 제 tuition으로 썼습니다. 6개월 후, 저는 대학 공부의 value를 찾을 수 없었습니다. 내 인생에서 내가 원하는 것이 무엇인지 몰랐습니다. 대학이 내가 그것을 figure out하는 데 도움이 되는지도 몰랐습니다. 그리고 부모님은 그들의 인생 전체 동안 save한 돈을 내가 쓰고 있었습니다. 그래서 저는 drop out 하기로 결심했습니다. 그리고 다 잘될 거라고 믿었습니다. 당시는 꽤 scary 했지만 지금 생각해보면 그것이 내가 한 결정 중 최고의 결정이었습니다. 내가 dropped out한 순간부터 관심 없었던 required 과목은 그만 들을 수 있었고, 내게 훨씬 더 재밌는 과목을 청강하기 시작했습니다.

Seventeen years later, I did go to college. But I naively chose a college that was almost as expensive as Stanford, and all of my working-class parents' savings were being spent on my college tuition. After six months, I couldn't see the value in it. I had no idea what I wanted to do with my life and no idea how college was going to help me figure it out. And here I was spending all of the money my parents had saved their entire life. So I decided to drop out and trust that it would all work out OK. It was pretty scary at the time, but looking back it was one of the best decisions I ever made. The minute I dropped out I could stop taking the required classes that I didn't interest me, and began dropping in on the ones that looked far more interesting.

- Apple의 창시자인 Steve Jobs의 Standford 대학 졸업식 연설에서 발췌함

- college 대학
- tuition 등록금
- working-class 노동자계급
- save 저축하다, 구하다
- drop out 자퇴하다, 수강을 취소하다
- scary 무서운
- naively 순진하게
- figure out 알다
- savings 저축
- value 가치
- drop in 수강하다
- require 요구하다

Hangman Game

TOEIC exercise

> **동사와 조동사**
> - 동사 : 3인칭 현재 단수일 경우 주어와 동사의 일치 주의, 시제 일치 주의
> - 조동사 : 동사 앞에 쓰이고 부정문과 의문문을 만들 때 쓰인다.

01 Seventeen years later, I _____ go to college.

    (1) do   (2) does   (3) did   (4) done

02 All of my working-class parents savings _____ being spent on my college.

    (1) are   (2) is   (3) were   (4) was

03 After six months, I _____ see the value in it.

    (1) could not   (2) might not
    (3) should not   (4) must not

04 So I decided to drop out and trust that it _____ all work out OK.

    (1) will   (2) would   (3) shall   (4) should

05 The minute I dropped out I could stop taking the required classes that _____ interest me.

   (1) do   (2) did   (3) don't   (4) didn't

06 Children _____ listen to their parents.

   (1) will   (2) would   (3) might   (4) should

07 He must _____ an American.

   (1) is   (2) was   (3) be   (4) been

08 The houses of Seoul _____ more expensive than those of other cities.

   (1) is   (2) was   (3) are   (4) been

09 You _____ not seperate in the forest.

   (1) will   (2) would   (3) might   (4) can

10 My mother _____ take us at the park when I was young.

   (1) could   (2) would   (3) might   (4) should

Tips for Learning

 Student's Problem

저는 꾸준히 공부하는 게 잘 안돼요. 계획을 세워도 지켜지지 않고, 작심삼일이에요. 영어는 꾸준히 오래 공부해야 한다는데, 어떻게 해야 할까요?

 Expert's Answer

MBTI 성격유형에는 인식형(Perceiving)과 판단형(Judging)이 있는데, 주로 인식형의 학습자가 꾸준한 학습이 어렵고, 시험 기간에도 벼락치기를 해서 학업의 어려움을 호소합니다. 이럴 경우 혼자서는 의지박약으로 공부하기 힘드니까 자신이 공부할 수밖에 없는 강제적인 환경을 만들어 보세요. 인터넷 TOEIC 동아리를 찾아서 스터디를 해보세요. 의무적으로 스터디를 하도록 규칙을 만들고 벌금이나 벌칙을 정함으로써 강제성을 주는 거죠. 또는 대학 내의 TOEIC 또는 회화 프로그램에 참여해 보세요. 영어를 할 수밖에 없는 환경을 스스로 만드는 것이 중요합니다. 다양한 방법으로 노력해 보세요.

인식형의 집중 시간은 20분이라고 합니다. 따라서 20분마다 책을 바꿔서 공부하고, 학습 채널을 바꾸는 것도 좋은 방법입니다. 영화 보다가, 책 읽다가, 외국인과 채팅하다가, 잡지를 보는 등 변화를 주는 겁니다. 인식형의 학습자에게는 변화가 곧 집중력이기 때문입니다.

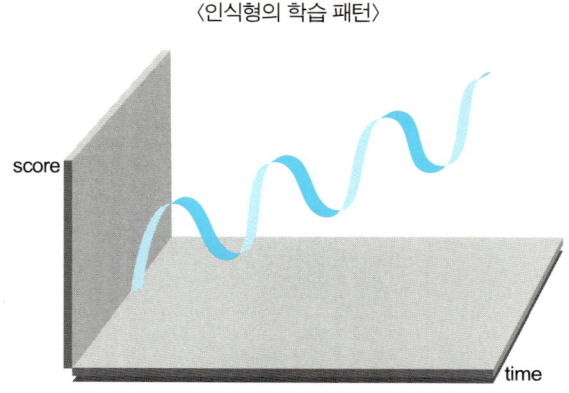

〈인식형의 학습 패턴〉

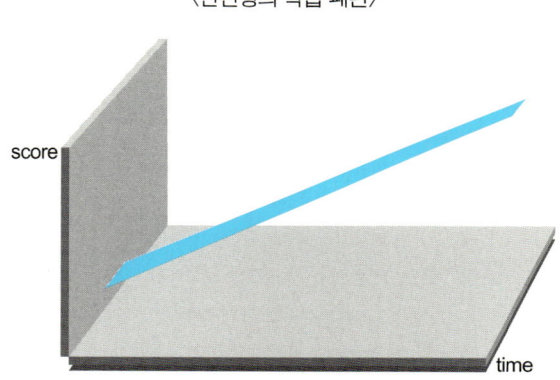

〈판단형의 학습 패턴〉

인식형의 학습자인 경우 스스로 목표를 정해 조금씩 지켜나가는 연습을 해야 합니다. 조금씩 꾸준히 공부하는 연습을 하면 그것이 습관이 되고, 결국엔 영어도 잘하게 됩니다. 그러나 목표를 너무 높게 세우지 말고, <매일 영어 1분 공부하기>부터 시작해 보세요. 이것이 1달 동안 잘 지켜지면 시간을 3분이나 5분으로 늘리고, 조금씩 공부시간을 늘려 보세요.

06

Today's Saying

I am not concerned that you have fallen,
I am concerned that you arise.

당신이 과거 좌절을 겪었다는 것에
저는 관심 없습니다.
제가 관심 있는 것은 지금 당신이
일어설 수 있느냐 입니다.

- Abraham Lincoln

　Abraham Lincoln 대통령은 미국에서 가장 존경받는 대통령 중 한 명이다. 남북전쟁을 승리로 이끌었고 노예제를 폐지했다. 링컨은 대통령이 되기 전까지 수많은 실패를 거듭했다. 아버지는 가난한 농부였고, 어머니는 미혼모의 딸이었으며, 둘 다 글을 몰랐다. 링컨이 9세 되던 해 어머니가 세상을 떠났고, 20세가 넘도록 변변한 직장이 없었다. 점원으로 일하던 방앗간을 인수했지만 1,100달러의 빚만 남기고 파산했다. 24세 주 의회 낙선, 사업 실패, 26세 사랑

형용사와 부사
- 꾸며주는 말

하는 여인의 죽음, 27세에 신경쇠약과 정신분열증, 29세 의회 의장직 낙선, 31세 대통령 선거위원 낙선. 34세 국회의원 낙선, 39세와 46세에 국회의원 낙선, 49세 낙선. 그의 친구들은 그 주변에 있는 칼과 면도날을 치울 정도로 그는 깊은 절망에 빠져 있었다. 그러나 59세에 드디어 대통령에 당선되었을 때 성공의 비결이 뭐냐는 질문에 "남들보다 실패를 많이 했기 때문"이라고 대답했다. 우리는 누구나 과거 좌절, 실패 등의 경험을 갖고 있다. 그러나 그것은 중요하지 않다. 정작 중요한 것은 바로 지금 내가 다시 시작할 준비가 되어 있느냐다. 과거에 얽매어 스스로를 괴롭히지 말고, 현재에 살며 일어서 나아가길 바란다.

- concern 관계 있다, 관심 있다, 걱정하다
- fall 떨어지다
- arise 발생하다, 나타나다, 일어나다, 부활하다

Keypoint

형용사(adjective), 한정적 용법(attributive use), 서술적 용법(predicative use), 지시형용사(demonstrative adjective), 수량형용사(quantitative adjective), 부사(adverb)

Grammar

 형용사(Adjective)

형용사는 명사를 수식하는 역할을 한다. 이때 명사를 직접 수식하면 한정적 용법이라고 하고, 보어로 쓰일 때는 서술적 용법이라고 한다. 그럼 지금부터 형용사의 한정적 용법과 서술적 용법을 살펴보자.

한정적 용법(attributive use)

형용사가 명사를 바로 수식하는 경우 명사 앞에서 수식하느냐, 명사 뒤에서 수식하느냐에 따라 전치수식과 후치수식으로 나뉜다. 원칙은 전치수식이지만 영어는 길면 뒤로 보내는 경향이 있다. 따라서 형용사구가 길면 명사 뒤로 보내서 후치수식을 하는 것이다. 또한 명사에 ~ly를 붙이면 형용사가 된다. 예문을 통해서 살펴보자.

> She is a **beautiful** girl.
> I love the girl **sitting on the bench**.
> Jane brought a plate **full of fruit**.
> It's **lovely**!
> Eric is a very **friendly** dog.

예외적으로 형용사구가 짧아도 항상 후치수식을 하는 경우가 있다. 바로 ~thing으로 끝나는 명사다. something, anything처럼 ~thing으로 끝나는 형용사는 항상 후치수식이다.

> Would you like something **cold** to drink?
> I didn't do anything **special**.
> I want a wife **who is a good cook**.

서술적 용법(predicative use)

형용사가 보어로 쓰이는 경우를 서술적 용법이라고 한다. 보어는 주격보어와 목적격보어로 나뉜다. 예문을 통해 살펴보자.

> The movie is very **interesting**.
> I believe you make her **happy**.

또한 형용사는 용법에 따라 지시형용사와 수량형용사로 나뉜다.

지시형용사(demonstrative adjective)

지시형용사(demonstrative adjective)는 this(these)와 that(those)이 명사를 수식하는 경우다.

> This pen is different from **that** one.

수량형용사(quantitative adjective)

수량형용사(quantitative adjective)는 수사와 부정수량 형용사로 나뉜다.

(1) 수사 : 기수, 서수, 배수

기수 - one, two, three, four, five …
서수 - first, second, third, fourth, fifth …
배수 - half, twice, three times, four times, five times …

(2) 부정수량 형용사 : some, any, few, little, many, much

부정수량 형용사는 특히 두 개 이상인 복수인지, 하나인 단수인지 수 일치에 유의해야 한다. many와 few는 셀 수 있는 명사 앞에 쓰이고, much와 little는 셀 수 없는 명사 앞에 쓰인다. some과 any는 둘 다 쓰일 수 있으므로 여기서는 셀 수 있는 명사와 셀 수 없는 명사에 쓰이는 표현들만 정리했다.

□ many

>Many people wear the jacket.
>How many dreams do you have?

□ much

>How much money do you have?
>Eating too much salt is not good for your health.

□ few

>He has few friends because of his lying. (거의 없는)
>I have a few friends in the class. (조금 있는)

□ little

>There is little hope in school now. (거의 없는)
>I have a little money. (조금 있는)

(3) 숙어 표현

부정수량 형용사와 관련된 숙어 표현은 외우지 않고는 해석이 불가능하기 때문에 반드시 암기해 둘 필요가 있다.

>It was not so much a question as an answer to this.
>* not so much A as B : A라기보다는 B

>Not a few members of the board are absent.
>* not a few : 많은 (=many)

>Mike gave her not a little trouble.
>* not a little : 많은 (=much)

② 부사(Adverb)

부사는 명사 빼고 다 수식한다고 앞에서 배웠다. 부사는 동사, 형용사, 다른 부사, 문장 전체 등 명사를 제외한 거의 모든 것을 수식할 수 있다. 부사의 또 다른 중요한 점은 문장성분에 포함되지 않는다는 것이다. 따라서 주어, 서술어, 목적어, 보어의 역할을 하지 못한다. 또한 부사구의 형태는 다양하다. 〈전치사 + 명사〉 구문도 형용사나 동사를 수식하면 부사구라고 할 수 있다. 여기서는 부사의 위치와 종류에 대해서 살펴보자.

Reality speaks differently. (동사 수식)
It is very different. (형용사 수식)
Unfortunately I lost my bag at the station yesterday. (문장 전체 수식)
I go to school. (〈전치사 + 명사〉 구문이 부사 역할을 하는 경우, 동사 수식)

'거의 ~않다'라는 부정의 의미를 내포하는 부사가 있다. 해석할 때 부정으로 해석해야 하는 것에 유의해야 한다.

That hardly seemed fair.
She seldom writes e-mails to her parents.
Twins rarely have different birthdays.

부사의 위치

부사는 고유의 자리가 있다. 보통 수식하는 말 가까이 앞이나 뒤에 위치한다. 여기서 부사의 위치에 대해서 살펴보자.

□ **부사의 위치**

부사의 위치는 문장의 맨 앞이나, 문장의 맨 뒤 또는 주어와 동사 사이가 될 수 있다. 또는 꾸며주는 형용사 바로 앞에 올 수도 있다. 부사는 주로 장소, 방법, 시간이라고 하여 일명 〈장, 방, 시〉라고 하는 순서로 오는 것이 보통이다. 그러나 화자가 강조하고자 하는 의도에 따라 순서는 변경가능하다.

〈장소 + 방법 + 시간〉
He decided to take English-only lectures at the learning center with his best friend next year.

〈작은 단위 + 큰 단위〉
I live in Seoul, Korea.
We will leave Seoul at ten this Sunday.
He is studying at a university in Won-ju.

□ 빈도부사의 위치

빈도부사란 횟수(빈도)를 나타내는 부사를 뜻한다.
빈도의 높고 낮음에 따라서 다음과 같은 부사들이 있다.

always, usually, often, sometimes, hardly scarcely seldom, never
높은 빈도 ──────────────────────────────────── 낮은 빈도

보통 빈도부사의 위치를 물어보면 대부분의 학생이 조동사와 비동사 앞, 일반동사 뒤라고 대답한다. 그러나 이것은 혼란을 야기시키고, 잊어버리기 일쑤다. 지금부터 횟수를 나타내는 빈도부사의 위치를 쉽게 암기할 수 있도록 원리를 설명하겠다. not의 품사가 바로 부사다. 따라서 빈도부사의 위치는 not의 위치다. 부정문을 만들 때 not이 어디에 붙는지 안다면 빈도부사의 위치도 알게 된다.

I don't love you.
I will always love you.

You are not a teacher.
You were often my teacher.

부사의 형태 : 형용사 + ly

일반적으로 형용사에 ly를 붙이면 부사의 형태가 된다.

형용사		부사	
clear	분명한	clearly	분명히
brave	용감한	bravely	용감하게
merry	즐거운	merrily	즐겁게
slow	느린	slowly	느리게
sad	슬픈	sadly	슬프게
deep	깊은	deeply	깊게
beautiful	아름다운	beautifully	아름답게

그러나 형용사+ly가 다른 뜻의 부사가 되는 경우도 있으니 주의한다.

형용사		부사	
high	높은	highly	매우
near	가까운	nearly	거의
hard	어려운	hardly	거의 ~않다
late	늦은	lately	최근에

③ 비교급(Comparison)

(1) 원급(positive degree)

원급이란 〈as/so + 형용사/부사 + as〉의 구문으로 비교의 두 대상이 동등한 상태임을 나타낸다. 해석은 "~만큼 ~하다"로 한다.

The little boy was as old as my eldest son.
She can not run so fast as I can.
She is as tall as me.
The girl is as clever as (she is) pretty.

원급을 이용한 관용구 (암기)
The gentleman was as cool as a cucumber.
그 신사는 매우 침착하다. (매우 침착한)

We were all right as long as we kept our heads down.
우리가 자중하는 한 우리 모두는 옳다. (~하는 한)

I'll go with you as far as Su-won.
나는 수원까지 너와 함께 갈게. (~까지)

(2) 비교급(comparative degree)

〈비교급 + than〉으로 "~보다 더 ~한"으로 해석한다.
2음절 이상의 긴 단어는 앞에 more를 붙이고, 1음절의 짧은 단어는 단어 끝에 ~er을 붙인다.

She is more beautiful than her sister.
She is less beautiful than her sister.
She is more lovely than beautiful.

기억해야 할 비교급
older (나이) / elder (순서)
later (시간) / latter (순서)
farther (거리) / further (정도)

비교급 강조어 "훨씬"으로 해석, 비교급 앞에 위치 : much, by far, even, still
This book is **much** more interesting than that.
This one is **by far** the better of the two.
That dictionary is **even** more useful than this.

(3) 최상급(superlative degree)

최상급은 "가장~한"의 뜻으로 2음절 이상의 긴 단어는 단어 앞에 most를, 1음절의 짧은 단어는 단어 끝에 ~est를 붙인다. 명사를 수식할 경우 최상급의 하나를 지칭하게 되므로 앞에 정관사 the를 붙여준다.

Ben is the **tallest** boy of all the boys.
The **wisest** man might sometimes make mistakes.
It was by far the **greatest** discovery in history.
She is the **most** beautiful girl in the world.

Story Book

두 번째 이야기는 사랑과 loss에 관한 것입니다. 저는 운이 좋았습니다. 저는 제 인생에서 일찍 내가 사랑했던 것을 찾았습니다. 제가 20살 때 Was와 저는 제 부모님의 garage에서 Apple이라는 회사를 창업했습니다. 우리는 열심히 일했습니다. 10년 후 Apple은 우리 둘뿐인 garage에서 2billion 달러 규모의 4,000명이 넘는 employee들이 있는 회사로 성장했습니다.

우리는 제일 좋은 창조물인 Macintosh를 막 release 했고, 저는 막 30살이 되었습니다. 그리고 저는 fire당했습니다. 어떻게 제가 만든 회사에서 fire될 수 있을까요? 음, Apple이 성장하면서, 우리는 제가 생각하기에 나와 함께 회사를 운영할 아주 재능 있는 사람을 hire했고, 첫해는 잘 되어 갔습니다. 그러나 그 후 미래를 보는 우리의 시각은 diverge하기 시작했습니다. 그리고 결국 우리는 fall out 하게 되었습니다. 우리의 Board of Directors들은 그의 편을 들어 줬습니다. 그래서 저는 30살에 회사를 나가게 된 것입니다. 그것도 아주 publicly 하게요. 저의 adult 삶의 목표가 사라졌고, 그것은 devastating 했습니다.

My second story is about love and loss. I was lucky - I found what I loved to do early in life. Woz and I started Apple in my parent's garage when I was 20. We worked hard, and in 10 years Apple had grown from just the two of us in a garage into a $2 billion company with over 4,000 employees.

We had just released our finest creation - the Macintosh -, and I had just turned 30. And then I got fired. How can you get fired from a company you started? Well, as Apple grew, we hired someone who I thought was very talented to run the company with me, and for the first year or so things went well. But then our vision of the future began to diverge and eventually we had a falling out. When we did, our Board of Directors sided with him. And so at 30 I was out. And very publicly out. What had been the focus of my entire adult life was gone, and it was devastating.

- Apple의 창시자인 Steve Jobs의 Standford 대학 졸업식 연설에서 발췌함

• • • • • • • • •

- loss 상실, 잃음
- billion 10억
- release 출시하다, 해당하다, 개봉하다, 공개하다
- hire 고용하다
- diverge 갈라지다, 의견 등이 다르다
- Board of Directors 이사진
- adult 성인
- garage 차고
- employee 종업원 (employ 고용하다, employer 고용주, 사장)
- fire 해고하다
- run 경영하다, 운영하다
- fall out 싸우다, 낙오하다
- publicly 공개적으로 (public 공공의, 대중의)
- devastating 황폐화시키는, 파괴하는, 참담한

Twenty-question Game

〈사람을 묘사하는 형용사 표현〉

Appearance (외모)	단어	뜻	Personality (성격)	단어	뜻
1	tall	키 큰	11	outgoing	사교적인
2	short	키 작은	12	funny	재미있는
3	slim	날씬한	13	tough	터프한, 강한
4	fat	뚱뚱한	14	kind	친절한
5	chubby	통통한	15	rude	무례한
6	short hair	짧은 머리	16	active	활동적인
7	long hair	긴 머리	17	passive	수동적인
8	curly hair	곱슬머리	18	shy	부끄럼타는
9	wear glasses	안경을 쓰다	19	serious	심각한
10	handsome	잘생긴	20	smart	영리한

* 이 장의 Game은 Story Book의 표현으로 하지 않고 형용사를 사용한 스무고개 게임으로 한다.

〈스무고개 게임 예시 질문〉

Appearance (외모)	1	Is your friend tall(키 큰)?	
	2	Is your friend short(키 작은)?	
	3	Is he or she slim(날씬한)?	
	4	Is he or she fat(뚱뚱한)?	
	5	Is he or she chubby(통통한)?	
	6	Does he or she have short hair(짧은 머리)?	
	7	Does he or she have long hair(긴 머리)?	
	8	Does he or she have curly hair(곱슬머리)?	
	9	Does he or she wear glasses(안경)?	
	10	Is he handsome(잘생긴)? or Is she pretty(예쁜)?	
Personality (성격)	11	Is he or she outgoing(사교적인)?	
	12	Is he or she funny(재미있는)?	
	13	Is he or she tough(터프한)?	
	14	Is he or she kind(친절한)?	
	15	Is he or she rude(무례한)?	
	16	Is he or she active(활동적인)?	
	17	Is he or she passive(수동적인)?	
	18	Is he or she shy(수줍어하는)?	
	19	Is he or she serious(진지한, 심각한)?	
	20	Is he or she smart(똑똑한)?	
Extra question (기타 질문)		1. Is your friend a girl? 2. Does he(or she) have big eyes(큰 눈)? 3. Does he(or she) wear a wrist watch(손목시계)? 4. Does he(or she) look young(젊어 보입니까)? 5. Does he(or she) look old(늙어 보입니까)?	

A
She or He is _____ (name).

TOEIC exercise

> **형용사와 부사**
> - 형용사 : 명사수식, 보어 역할, 부정수량 형용사(few, little)의 수 일치에 유의
> - 부사 : 명사 빼고 다 수식, 문장성분에 포함되지 않는다. 부사의 위치에 주의

* 적절한 부사의 위치를 고르시오 (1~5).

01 early : I found what (1) I loved (2) to do (3) in (4) life.

02 hard : We worked (1) and (2) in (3) 10 years (4) Apple had grown from just the two of us us in a garage into a $2 billion company.

03 just : (1) I (2) had (3) turned (4) 30.

04 Well : (1) as (2) Apple (3) grew (4), we hired someone who I thought was very talented to run the company with me.

05 eventually : But then our vision of the future began to diverge (1) and (2) we had (3) a (4) falling out.

* 잘못된 표현을 고르시오 (6~10).

06 Eating (1) too (2) many (3) salt (4) is not good for your health.

07 There (1) are (2) little (3) hope (4) in school now.

08 She (1) seldom (2) write (3) e-mail (4) to her parents.

09 It was not so (1) much (2) a (3) question (4) of an answer to this.

10 He (1) has (2) few (3) friend (4) because of his lie.

Tips for Learning

 Student's Problem

저는 speaking을 멋지게 잘하고 싶은데, speaking이 제일 자신 없어요. 어떻게 하면 speaking 실력을 높일 수 있을까요?

 Expert's Answer

한국의 학생들은 주로 읽기(reading)와 듣기(listening)에 강합니다. 그 이유는 읽기와 듣기 연습을 말하기에 비해서 훨씬 많이 했기 때문입니다. 말하기도 문법이나 독해 공부하듯이 연습을 해야 합니다. 스스로에게 질문해 보세요.

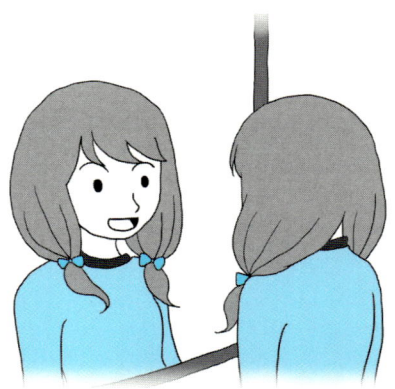

내가 말하기(speaking) 연습을 얼마나 했는지, 말하기 연습을 효율적으로 할 수 있는 방법 중 하나를 소개해 줄게요. 영화를 활용한 speaking 연습입니다. 오늘 집에 가서 내가 제일 좋아하고, 재밌어 하는 영화를 한 편 선정해 보세요. 내가 만일 초보자라면 되도록 애니메이션 영화를 권합니다. 그 이유는 애니메이션은 성우들이 녹음하기 때문에 비교적 발음도 정확하고, 표준어를 쓰며, 어휘나 표현이 쉬워서 알아듣거나 따라하기 쉽기 때문입니다. 물론 영화를 선택해도 됩니다. 그리고 애니메이션의 대사를 문장별로 듣고 따라합니다. 이때 중요한 것은 그 장면의 표정과 행동까지 똑같이 거울보고 따라하는 겁니다. 이렇게 한 문장씩 양을 늘리면 어떤 상황에서 어떤 표현을 써야 하는지 까지 알게 됩니다. 똑같이 연기하면서 감정을 넣어서 따라 말하면 기억에 더 많이 남습니다. 우리가 화가 나거나 상처가 되는 말을 잊지 못하는 이유는 그 말에 '화'나 '슬픔'이라는 감정도 함께 기억하기 때문입니다. 연기하면서 감정을 넣어서 억양까지 똑같이 따라하다 보면 어느 날 나도 모르게 speaking이 되는 그 순간을 맛보게 되실 겁니다. 여기서 주의해야 할 점이 있죠? 매일매일 하루도 빠지지 말고, 조금씩 꾸준히 1년 이상 해야 한다는 것! 말하기 듣기는 '감'이기 때문에 하루에 왕창 몰아서 밤새서 공부하는 것보다는 감을 잃지 않기 위해 매일매일 조금씩 접하는 것이 훨씬 효과적입니다. 이렇게 하면 저절로 listening 실력까지 향상됩니다. 오늘부터 바로 시작해 보세요!

07

Today's Saying

Believing everyone is dangerous;
believing nobody is very dangerous.

아무나 믿는 것은 위험하지만,
아무도 믿지 않는 것은 매우 위험하다.

- Abraham Lincoln

접속사와 관계대명사

　누군가를 믿지 못한다는 것은 상대방뿐만 아니라 본인 스스로에게도 괴로운 일이다. 그것은 사회적 불신의 산물일 수도 있다. 그러나 작은 믿음의 작은 씨앗이 마음 밭에 심어지는 순간 우리는 자신이 만든 불신이라는 감옥에서 벗어나 자유와 해방을 맛볼 수 있을 것이다.

- dangerous 위험한
- nobody 아무도 ~아니다

Keypoint

접속사(conjunction), 등위접속사(coordinate conjunction), 종속접속사(subordinate conjunction), 상관접속사(correlative conjunction), 관계대명사(relative pronoun)

Grammar

① 접속사(Conjunction)

접속사는 단어와 단어, 구와 구, 절과 절을 연결하는 역할을 한다. 접속사의 종류에는 and, but 등과 같은 동등한 단어, 구, 절 등을 연결하는 등위접속사와, that, because 등과 같이 주인이 되는 주절에 추가하여, 주절에 속한 종속절을 연결해 주는 종속접속사, 짝으로 늘 함께 쓰이는 상관접속사가 있다.

(1) 등위접속사(Coordinate conjunction)

등위접속사는 문법 상 대등한 관계를 연결할 때 쓰인다. 여기서는 대표적인 등위접속사인 and, but, or를 살펴보자.

□ **and**

I mixed fruit and honey with water.

Tom and I are good friends.

My wife must arrange to lose time at work and not lose the job.

명령문 + and : ~해라, 그러면 (If ~)

Listen to my words and you will never regret it.

→ If you listen to my words, you will never regret it.

Study hard and you can pass the exam.

→ If you study hard, you can pass the exam

* 명령문은 주어인 you가 생략된 표현이므로 if 절로 바꿀 때 주어와 동사가 나와야 하므로 주어는 you로 한다.

☐ **but**

Forgive but do not forget.

Spring has come, but it is still cold.

☐ **or**

To be, or not to be; that is the question.

Most of them stayed in hotels, motels, or their friends' houses.

명령문 + or : ~해라, 그렇지 않으면 (If ~ not)

Listen to my words or you will regret it.

→ If you don't listen to my words, you will regret it

Get up early or you will miss the bus.

→ If you don't get up early, you will miss the bus.

* 〈명령문 + and/or〉 표현은 딱딱하고 권위적인 느낌을 준다. 그래서 속담이나 격언에 많다. 일상 회화에서는 if / if ~ not 으로 바꿔서 쓰는 것이 자연스럽다.

(2) 종속접속사(Subordinate conjunction)

종속접속사는 주인이 되는 주절에 딸려 종속적인 관계가 되는 접속사를 말한다. 종속접속사는 크게 문장에서 주어, 목적어, 보어 역할을 하는 명사절과 시간, 이유, 조건 등을 나타내는 부사절, 명사를 수식하는 형용사절을 이끄는 관계대명사로 나뉜다. 여기서는 명사절과 부사절만 다루고 문장에서 형용사 역할(명사 수식)을 하는 관계대명사는 7.2에서 다시 다루기로 하자.

☐ **명사절 : that, whether, if(~인지 아닌지) 등 문장에서 주어, 목적어 역할을 한다.**

The fact (that he committed suicide) proves that he was not happy.
  S   V   O

I don't know if you love me.
S   V   O

It is important that we should know the recent change. (가주어 - 진주어)

- 부사절 : when, because, while, if(만일 ~라면) 등 문장 성분에 포함되지 않는다.

    I like the TV program / because it is very funny.
    S V   O

    While I am going to school / I want a wife to take care of my children.
                                  S V   O   O.C

    If you love me, / I can do anything you ask.
                      S V   O

(3) 상관접속사(Correlative conjunction)

상관접속사는 TOEIC의 단골문제다. 반드시 암기하도록 하자. 상관접속사란 등위 접속사의 일종으로 동등한 단어, 구, 절을 연결하지만 두 단어가 짝을 이루는 것을 상관접속사라고 한다.

- **both A and B : A와 B 둘 다, 항상 복수 동사**

    Both paper and plastic items need to be recycled.
    Both Mrs. Park and her firm have demonstrated competence in handling the media during our product launch.

- **either A or B : A 또는 B 중 하나**

    Either credit cards or cash is an acceptable form of payment.
    Your meal comes with either soup or salad.

- **neither A nor B : A도 B도 아닌**

    This is neither yours nor mine.
    My father neither helps me cook nor do the dishes.

- **not A but B : A가 아니라 B**

    Time is not money but your life itself.
    I am not your boss, but I am your supervisor.

□ **not only A but (also) B** : A뿐만 아니라 B도 (= B as well as A)

The new software has proven to be **not only** expensive **but (also)** inconvenient.
It is wise to contact **not only** the police **but also** your insurance company.

2 관계대명사(Relative pronoun)

관계 대명사는 앞에 나오는 명사(선행사)를 수식하는 형용사 역할을 한다. 앞에 나오는 명사를 대신하는 역할을 하므로 대명사이기도 하고, 문장과 문장을 연결해 주므로 접속사 역할도 한다. 대명사이기 때문에 주격과 소유격, 목적격이 있다.

우선 수식하는 명사가 사람인지 사물인지에 따라서 관계대명사의 형태가 변하므로 아래 표를 반드시 암기하도록 하자.

선행사(명사)	주격	소유격	목적격
사람	who	whose	whom
사물	which	whose	which
사람 + 사물	that	-	that
사물(선행사 포함)	what	-	what

(1) 관계대명사 주격 뒤에는 동사가 온다!

영어의 어순은 주어 + 동사

Your parents are the **people** (**who love** you most).
    S V   사람   s   v

I don't know **one person** (**who** likes to live in the city).

The man (**who delivers** our mail) comes (at the same time) (every day).
선행사
  S   V

Customers (**who** purchase a pair of pants) can get a second pair free.
  S   V

I'm afraid I only remember the woman's name **which** is Amy
                                       사물   s v

(2) 관계대명사 소유격 다음에는 명사가 온다!

소유격 + 명사 (my book)

여기서 주의할 점은 명사와 명사구의 차이를 아는 것이다.
book (명사)
a book (명사구)

소유격 뒤에는 명사구가 오는 것이 아니라 명사가 온다.
my book (명사구)
my a book (X)

I saw a house **whose roof** is white.
I wash his car **whose color** is yellow.
Look at the book **whose cover** is black.

(3) 관계대명사 목적격 뒤엔 주어와 타동사가 온다!

목적격은 타동사가 있어야만 성립된다. 관계대명사 목적격은 목적어가 생략된 형태이기 때문에 관계대명사 목적격 뒤엔 〈주어 + 타동사 (목적어생략)〉가 온다.

That is the book **which** she gave me ( ) this morning. (직접목적어 생략)
This is the girl **whom** I met ( ) in the park yesterday.(목적어 생략)

목적격은 대명사와 마찬가지로 전치사의 목적어도 해당되기 때문에 전치사 뒤에는 관계대명사 목적격이 온다.

It's a subject **on which** teachers are going to disagree.
I saw a house **of which** the roof is white.

(4) 동사 뒤에는 what이 온다!

what은 유일하게 명사 역할을 하는 대명사다. 따라서 선행사를 포함하고 해석은 〈~한 것〉으로 해석한다. what은 명사역할을 하기 때문에 주어 자리에 올 수도 있고, 타동사의 목적어 자리에 올 수도 있다. 여기서 중요한 것은 선행사를 포함하기 때문에 동사 뒤에 올 수 있는 유일한 관계대명사다.

I don't **know what** I did. / I don't know what to do.
　S　　　V　　O

나는 내가 한 것을 모른다. / 나는 무엇을 해야 할지를 모른다.
관계대명사 what은 〈~한 것〉으로 해석하고, 〈의문사 + to V〉는 〈~해야 할지〉로 해석한다.

What I said is true.
　　S　　V

They asked me **what** I knew.
　S　　V　　I.O　D.O

(5) 한정적 용법과 계속적 용법

□ **한정용법 : 앞 명사(선행사)를 수식**

Sujin keeps two dogs (**which** are six months old).
수진이는 6개월 된 개 두 마리가 있다.
* 수진에게 개 두 마리 외에 다른 개가 더 있을 수도 있다.

□ **계속용법 : 앞 명사를 부가 설명, 코마(,) 뒤에 관계대명사가 온다.**

that은 계속적 용법으로 쓰일 수 없다는 점을 명심하자.

Sujin keeps two dogs, **which** are six months old.
수진이는 개 두 마리가 있는데, 이 개들은 모두 6개월이 됐다.
* 수진이가 기르는 개는 두 마리뿐이다.

Story Book

저의 세 번째 이야기는 죽음에 관한 것입니다. 제가 17살 때 저는 다음과 같은 quote를 읽었습니다. "만일 당신이 매일매일 마치 당신의 마지막 날처럼 산다면, someday 당신은 certainly 가장 옳은 사람이 되어 있을 것이다" 그것은 내게 impression을 주었고, 그때 이후로 지난 33년 동안, 저는 매일 아침 거울을 보면서 스스로에게 물었습니다. "만일 오늘이 내 인생의 마지막 날이라면, 나는 오늘 내가 be about to 하는 것을 하기 원할까?" 그리고 whenever 그 대답이 여러 날 in a row "아니야"라고 나온다면, 나는 무언가를 바꿀 필요가 있다는 것을 압니다.

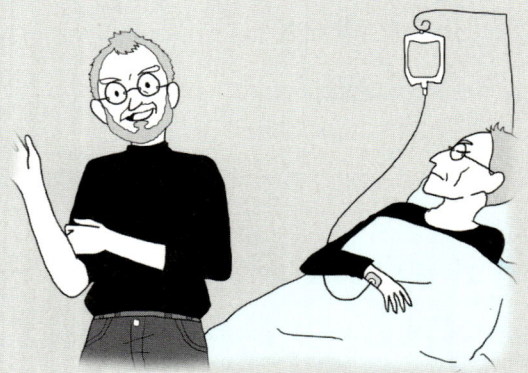

My third story is about death. When I was 17, I read a quote that went something like: "If you live each day as if it was your last, someday you'll most certainly be right." It made an impression on me, and since then, for the past 33 years, I have looked in the mirror every morning and asked myself: "If today was the last day of my life, would I want to do what I am about to do today?" And whenever the answer has been "No" for too many days in a row, I know I need to change something

- Apple의 창시자인 Steve Jobs의 Standford 대학 졸업식 연설에서 발췌함

- quote 인용문, 인용구절
- certainly 분명히, 물론
- be about to 막 ~하려고 하다
- in a row 연달아서, 계속해서

- someday 미래의 어느 날
  (oneday 과거의 어느 날)
- impression 감동, 인상
- whenever ~할 때마다

 **Speed Game**

death · day · read · you · last · right · morning · today · life · answer · change

TOEIC exercise

관계대명사 만들기

□ **주격의 경우**

— Your parents are **the people**. **They** love you most.
  ① 두 문장에서 the people와 they는 동일 인물이므로 관계대명사로 바꿀 수 있다.
  ② 뒤에 있는 they를 who로 바꿔준다. 주어 자리이고, 선행사가 사람이기 때문이다.

▶ Your parents are the people **who** love you most.

□ **소유격의 경우**

— I saw **a house**. **Its** roof is white.
  ① a house와 its가 동일하므로 뒤에 있는 대명사 its를 관계대명사 소유격으로 바꾼다.
  ② 소유격 관계대명사는 사람과 사물 모두 whose이다.

▶ I saw a house **whose** roof is white.

□ **목적격의 경우**

— This is **the girl**. I met **her** in the park yesterday.
  ① the girl과 her가 같으므로 her를 관계대명사로 바꾼다.
  ② her가 타동사의 목적어 자리이고, 선행사가 사람이므로 whom으로 바꾼다.

This is the girl. I met **whom** in the park yesterday.
  ③ 다음으로 whom을 문장의 맨 앞으로 이동시킨 후 앞 문장과 결합시킨다.

▶ This is the girl **whom** I met in the park yesterday.

01 _____ I was 17, I read a quote.
    (1) and   (2) that   (3) when   (4) if

02 If you live each day as _____ it was your last, someday you'll be right.
    (1) and   (2) that   (3) when   (4) if

03 I have looked in the mirror every morning _____ asked myself.
    (1) and   (2) that   (3) when   (4) if

04 If today were the last day, would I want to do _____ I am about to do today?
    (1) who   (2) whose   (3) which   (4) what

05 I saw a house of _____ the roof is white.
    (1) who   (2) whose   (3) which   (4) what

06 Your parents are the people _____ love you most.
    (1) who   (2) whose   (3) which   (4) what

07 Look at the book _____ cover is black.
    (1) who   (2) whose   (3) which   (4) what

08 They asked me _____ I knew.
    (1) who   (2) whose   (3) which   (4) what

09 _____ paper and plastic items need to be recycled.
    (1) both   (2) nor   (3) but   (4) or

10 My father neither helps me cook _____ do the dishes.
    (1) both   (2) nor   (3) but   (4) or

Tips for Learning

 Student's Problem

선생님, 저는 발음이 정말 안 좋은데요, 발음 때문에 창피해서 영어를 더 꺼리게 되요, 발음이 좋아지게 하는 방법은 없을까요?

 Expert's Answer

영어와 한국어는 발음하는 방법이 다릅니다. 따라서 먼저 한국어와 다른 영어를 발음하는 방법을 익혀야 합니다. 자음과 모음의 발음하는 방법과 입모양, 혀의 위치 등을 보여주는 web site를 알려줄게요. 다음 홈페이지에 가서 발음하는 방법을 익혀 보세요. http://www.uiowa.edu/~acadtech/phonetics/english/frameset.html 예를 들어 /t/의 경우 한국의 발음 /ㅌ/과 발음하는 방법이 다릅니다. 아래 그림을 보면 혀의 위치가 분명히 다르죠?

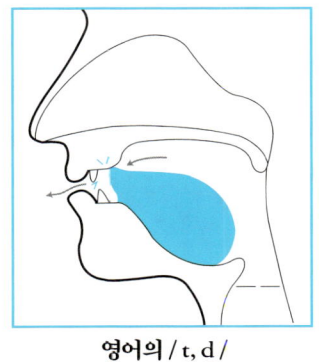
영어의 /t, d/

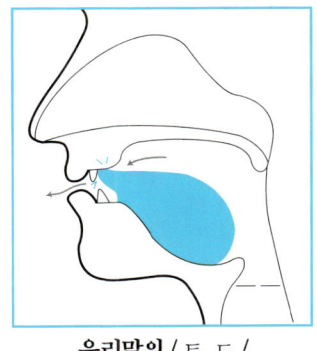
우리말의 /ㅌ, ㄷ/

    따라서 자음 하나 하나의 발음과 모음의 발음을 연습할 필요가 있습니다. 특히 성인은 한국어 발음에 혀의 근육이 굳어 있기 때문에 발음이 어색할 가능성이 더 높습니다. 나이가 어릴수록 혀의 근육이 아직 굳지 않아서 영어를 배우면 원어민 발음이 나오는 것이죠. 이렇게 각각의 자음과 모음을 발음하는 방법을 익힌 후, 발음 규칙을 익힙니다. 그런 후 이제는 원어민의 발음을 한 문장씩 듣고 똑같이 따라하는 겁니다. 한 문장 단위가 어렵다면 한 단어나 구 단위로 따라해 보세요. 이때 억양과 강세까지 똑같이 따라해야 합니다. 6개월에서 9개월 정도 매일 연습하면 영어 발음의 '감'이 생겨서 발음이 저절로 좋아지게 됩니다. 발음교정은 말하기나 듣기에 비해 실력 향상 속도가 빠른 편입니다. 그러니 오늘부터 열심히 연습해 보세요! 발음 규칙이 무엇인지 궁금하죠? 그건 다음 장에서 자세히 알려줄게요.

08 Healing

Today's Saying

Winning doesn't always mean being first.
Winning means you're doing better than you've done before.

승리한다는 것은 항상 1등이 되는 것을 의미하는 것이 아니라, 승리는 당신이 전에 했던 것보다 지금 더 잘하고 있는지를 의미한다.

- Bonnie Blair

전 치 사

우리는 자신과 타인을 비교함으로써 불행해진다. 나와 경험과 배경이 다른 타인은 진정한 비교대상이 되지 못한다. 우리가 진정 비교해야 할 대상은 어제의 나와 오늘의 나다. 남이 나보다 잘 된다고 낙심하지 말고, 어제의 나보다 더 나은 오늘의 내가 되기 위해 노력하자. Bonnie Blair는 미국의 여자 스피드 스케이팅 선수로 1988년 동계 올림픽에서 500m 금메달, 1,000m 동메달을 획득했고, 1992년과 1994년 연속으로 500m, 1000m 두 종목에서 금메달을 획득해 가장 뛰어난 업적을 남긴 여자 선수들 중 한 명이다.

- be 동사 + Ving ~하고 있는 중이다(진행형)
- have + pp ~해 왔던(완료형)

Keypoint

전치사(preposition)

Grammar

1 전치사의 역할

전치사는 명사 또는 대명사 앞에 위치하여 하나의 구를 만든다. 이런 구가 명사를 수식하면 형용사구가 되고, 명사 외의 품사를 수식하면 부사구가 된다. 이런 전치사구(preposition phrase, pp)를 전치사와 명사가 결합하여 하나의 품사 역할을 하는 구가 되었다고 하여 전명구라고 칭하기도 한다. 전치사 뒤에 반드시 명사가 와야 하고, 전치사와 명사 사이에 관사나 형용사가 올 수도 있다.

> 전치사구(전명구) = 전치사 + 명사
>   = 전치사 + (관사) + (형용사) + 명사

(1) 형용사 역할을 하는 전치사구

전치사구가 명사를 수식하면 형용사 역할을 하고, 형용사구가 된다.

   I received a letter **in English** yesterday. (영어로 쓴 편지)
   The book **on the table** is mine.

(2) 부사 역할을 하는 전치사구

전치사구가 동사, 형용사, 부사 등을 수식할 때 부사역할을 한다. 주로 시간, 장소, 방법 등의 의미를 나타낸다. 부사는 문장 성분에 포함되지 않고 수식해주는 역할을 하기 때문에 해석할 때 부수적인 역할을 한다. 따라서 괄호로 묶어 놓고, 해석하는 것이 편하다.

   He studied English **(in the USA) (for three months)**.
   Put the book **on the desk**, please.

(3) 전치사 + 목적격 대명사

Listen to me carefully.

Look at him.

(4) 전치사 + V~ing (9장 동명사에서 자세히 다룰 예정)

Thank you for inviting me.

2 전치사의 용법

(1) 전치사 〈in, at, on〉의 비교

at-type 전치사 + point(점, 지점)

to   at

→ 방향   ●

Look at this

Yell at me

Stay at a hotel

The game begins at seven p.m.

I go to school every morning

* at 좁은 장소, 좁은 시간 at the bank, at night, at 7 o'clock, at noon
  in 넓은 장소, 넓은 시간 in Seoul, in the morning, in the afternoon

여기서 오전(in the morning)과 오후(in the afternoon)는 넓은 시간을 의미하는 〈in〉을 쓰는데, 밤(at night)은 좁은 범위의 시간을 나타내는 〈at〉을 쓰는지 궁금할 것이다. 옛날 사람들은 밤을 눈 깜짝할 사이라고 생각했다. 왜냐하면 밤에 자려고 눈을 감고, 눈을 뜨면 아침이기 때문에 밤을 짧은 시간이라고 여긴 것이다.

in-type 전치사 + 영역, 부피(안)

There is nothing in the box

on-type 전치사 + 표면(surface) or 선(line)

The balls rolled on to the goal-line.

Jane spoke to him on the telephone yesterday.

Greenville is a town on the Han river. 강 표면 - 수평선

(2) 시간을 나타내는 전치사

in : ~의 기간이 지나서, ~ 후에, 시간의 경과를 내타내며 주로 미래시제에 쓰인다.

within : ~ 이내에

before : ~보다 전에, ~보다 먼저

after : ~후에

for : ~동안, 시간의 길이를 나타내며, 흔히 뒤에 숫자가 쓰인다.

  for six days

  *'~을 위하여'란 뜻도 있다. 시간과 관계없는 또 다른 의미가 있는 전치사다.

during : ~동안, 특정 기간을 나타내고, 보통 뒤에 명사가 온다.

  during vacation

through : ~ 기간 동안 내내, 계속의 의미

(3) 위치와 방향을 나타내는 전치사

in : 비교적 넓은 장소나 지역 in Seoul

at : 비교적 좁은 장소나 지역 at the bank

to : '~에, ~로'라는 드달점을 나타내거나, '~쪽으로'라는 방향을 나타낸다.
from A to B : A부터 B까지
between : '(둘) 사이에'라는 뜻으로 보통 and와 함께 쓰인다.
between A and B : A와 B 사이에
among : (셋 이상의) 사이에
through : ~을 관통하여, 통해서
behind : ~뒤에
by : ~ 옆에
across : ~을 지나서
around : ~ 주변에

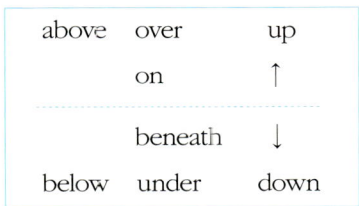

on : 표면에 접촉해서 위에
beneath : 표현에 접촉해서 아래에
over : 바로 위에
under : 바로 아래에
above : ~보다 위에
below : ~보다 아래에
up : 위쪽으로
down : 아래쪽으로

(4) 전치사와 숙어 (TOEIC 기출, 암기할 것)

☐ 자주 쓰이는 전치사 숙어

at best : 고작, 기껏해야

at large : 일반적으로, 마음대로

at last : 마침내

at least : 최소한

at most : 많아야

at once : 즉시

at worst : 최악의 경우

before long : 멀지 않아

by far : 훨씬

for ever : 영원히

for good : 영원히

in brief : 간단히 말해서

in common : 공통으로

in private : 비공식적으로

in public : 공공연히

in secret : 비밀로

in short : 간단히 말해서, 결국

until now : 지금까지

from bad to worse : 설상가상으로

□ 동사, 형용사, 명사 + 전치사

동사+전치사	account for ~을 설명하다 cope with ~을 다루다 contribute to ~에 기여하다 consist of ~으로 구성되다 provide A(사람) with B ~에게 B를 공급하다 provide A(사물) for/to B A를 B에 제공하다 add A to B A를 B에 더하다 associate A with B A를 B에 관련시키다 depend(rely) on ~에 의존하다
형용사+전치사	similar to ~와 비슷한 consistent with ~와 일관된 absent from ~에 불참한 identical to ~와 동일한 comparable with ~와 비교되는 responsible for ~에 책임 있는
명사+전치사	access to ~에 접근 effect/influence on ~대한 영향 respect for ~에 대한 존경 exposure to ~에의 노출 opinion on ~에 대한 의견 cause/reason for ~의 원인 favor of ~에 대한 호의, 찬성 decrease in ~의 감소 increase in ~의 증가

□ 기타 전치사 관련 주요 숙어 (TOEIC 기출, 반드시 암기)

due to : ~ 때문에 (=on account of, because of)

be responsible for : ~에 책임을 지다 (=be in charge of)

be used to ~ing : ~에 익숙하다
현재 익숙하다고 표현하고 싶을 때 쓸 수 있다.

I am used to speaking English.

I am used to living alone.

get used to ing : ~에 익숙해지다

이 표현은 전에는 아니었지만, 지금은 익숙해지고 있다는 변화를 표현.

S used to V : ~하곤 했다, 그러나 현재는 아니다

지금은 아니지만 과거에 했던 습관적인 동작에 대해 설명할 때 쓸 수 있다.

I'm not half the man I used to be.

My oven used to cook, but now it doesn't because it is broken.

S be used(수동태) / to V (목적격) : ~하기 위해서 사용되었다

It is used to cook.

look forward to ~ing : ~하기를 기대하다

according to : ~에 따르면

hang on : (전화할때)기다리다, ~을 꼭 붙들다

for a while : 잠시, 잠깐 동안

have an impact(effect) on + 명사 : ~에 영향을 주다

decide on + 명사 : ~으로 결정짓다

plan on ~ing : ~을 계획하다

spend money on + 명사 : ~에 돈을 쓰다

depend (rely, count) on + 명사 : ~에 의존하다

on behalf of 사람 : ~을 대신하여

be limited to : ~으로 국한되어 있다

be admitted to : ~에 입장하다

prior to : ~전에

contribute to : ~에 기여하다

with regard to : ~에 대해

be entitled to : ~할 자격이 있다

refer to : ~을 참고하다

in reference to : ~에 관하여
owing to : ~때문에
ask for : ~을 요청하다
request for : ~을 요청하다

Story Book

나는 아내라고 알려진 사람들의 그런 classification에 belong to한다. 나는 아내다. 그리고 순전히 incidentally 아니게도, 나는 엄마다. 얼마 전에 내 male 친구 한명이 최근의 divorce으로 신선한 장면으로 나타났다. 그는 아이가 하나 있는데, 그 아이는 물론, 그의 ex-wife와 함께 있다. 그는 또 다른 아내를 look for 하고 있다. 내가 ironing을 하면서 어느 날 저녁 그에 대해서 생각하니 suddenly 내게 다음과 같은 생각이 occur to했다. 나도 아내가 갖고 싶다. 내가 왜 아내를 원할까? 나는 경제적으로 independent하고, 내 스스로를 support하고 만일 필요하다면, 내게 dependent upon하는 사람들을 support 하기 위해 학교로 되돌아가고 싶다. 나는 일하면서 나를 학교로 보내줄 아내를 원한다. 그리고 내가 학교에 있는 동안 나는 아내가 나의 아이들을 take care of 해주길 원한다. 나는 아이들의 의사와 치과 의사와의 appointment를 확인해줄 아내를 원한다. 그리고 나의 진료 예약도 keep tract of 해줄 아내를 원한다. 그리고 나는 내 아이들이 properly 먹고, 청결이 유지 되는지 make sure 해줄 아내를 원한다.

I belong to that classification of people known as wives. I am a wife. And, not altogether incidentally, I am a mother. Not too long ago a male friend of mine appeared on the scene fresh from a recent divorce. He had one child, who is, of course, with his ex-wife. He is looking for another wife. As I thought about him while I was ironing one evening, it suddenly occurred to me that I too, would like to have a wife. Who do I want a wife?

I would like to go back to school so that I can become economically independent, support myself, and if need be, support those dependent upon me. I want a wife who will work and send me to school. And while I am going to school I want a wife to take care of my children. I want a wife to keep track of the children's doctor and dentist appointments. And to keep track of mine, too. I want a wife to make sure my children eat properly and are kept clean.

- Judy Syfers Brady 〈I want a wife〉

- classification 분류, 부류
- male 남성의
- divorce 이혼
- look for ~을 찾다
- independent 독립적인
- take care of 돌보다

- keep track of 확인하다
- properly 적절히

- incidentally 우연히
- belong to ~에 속하다
- ex-wife 전처
- iron 철, 다림질 하다
- dependent upon ~에 의지하는
- appointment 공식적인 약속
  (promise 비공식적인 약속)
- make sure 확인하다

Matching Game

1. 다림질하다 A. male
2. 남성의 B. divorce
3. 이혼 C. classification
4. 적절히 D. incidentally
5. 의존적인 E. independent
6. 약속 F. iron
7. 독립적인 G. appointment
8. 우연히 H. dependent
9. 분류 I. properly

TOEIC exercise

> 전치사의 위치 : 전치사 + (관사) + (부사) + (형용사) + 명사
> 의문문일 경우, 전치사의 목적어가 문두로 이동할 수도 있다.
>
> What are you looking for?

01 I belong _____ that classification of people known as wives.

   (1) to   (2) with   (3) of   (4) for

02 A male friend _____ mine appeared on the scene fresh from a recent divorce.

   (1) to   (2) with   (3) of   (4) for

03 He had one child, who is, of course, _____ his ex-wife.

   (1) to   (2) with   (3) of   (4) for

04 He is looking _____ another wife.

   (1) to   (2) with   (3) of   (4) for

05 It suddenly occurred _____ me that I too, would like to have a wife.

   (1) to   (2) with   (3) of   (4) on

06 I want a wife to take care _____ my children.

   (1) to   (2) with   (3) of   (4) on

07 I want a wife to keep track _____ the children's doctor and dentist appointments.

   (1) to   (2) with   (3) of   (4) on

08 I can support those dependent _____ me.

   (1) to   (2) with   (3) of   (4) on

09 Jane spoke to him _____ the telephone yesterday.

   (1) to   (2) with   (3) of   (4) on

10 He studied English in the USA _____ three months.

   (1) to   (2) with   (3) of   (4) on

Tips for Learning

 Student's Problem

선생님, 아무리 연습해도 저의 발음이 원어민과 다른데요, 한국어와 영어의 발음을 비교하면서 차이점을 설명해주세요.

 Expert's Answer

영어의 발음규칙은 한국어와 다릅니다. 지난 시간에 했던 [t]음과 관련된 발음규칙을 알려줄게요.

- **flapping** : 모음(r, l) 사이의 [t, d]가 약화되어 [r]로 발음되는 현상

모음, r, l	[t, d]	모음, r, l
	[r]	

túrtle, létter, ríddle, wáter

모음과 모음 사이의 [t, d]는 약화되어 [r]처럼 발음됩니다. 단, 강세가 앞에 와야 합니다.

aténd : 강세가 뒤에 있으므로 flapping이 되지 않습니다.

- **t 탈락 현상**

  n + t = n (:탈락) 강세가 앞에 와야 함.

  ínternet, ínterview, wínter

- **palatalization(구개음화)**

  같이[가치], 굳이[구지]

  [ㅌ, ㄷ] + 이 = [ㅊ, ㅈ]

  [t, d] + [y] = [tʃ, dʒ]

  Nice to meet you.

  Would you like some coffee?

09

Today's Saying

I will not say I failed 1,000 times.
I will say that I discovered there are 1,000 ways that can cause failure.

나는 1,000번 실패했다고 말하지 않을 것이다.
나는 실패할 수 있는 1,000가지 방법이 있다는 것을 발견했다고 말할 것이다.

- Thomas Edison

동 명 사
- 동사의 특성을 갖고 있는 명사

　에디슨은 유년 시절부터 호기심이 많았다고 한다. 정규교육을 받은 것은 단 3개월뿐이었다. 당시 학교의 주입식 교육에 적응하기 못한 것이다. 그러나 어머니의 열성적인 교육으로 점차 재능을 발휘해 1980년대 후반 축음기, 전화 송신기, 전등 등 발명의 길을 열어준 위대한 과학자로 역사에 남는 인물이 되었다. 실패란 바라보는 관점에 따라서 달리 보이는 것이다. 1,000번 실패했다면 실패할 수 있는 1,000가지 방법을 안 것이고, 그래서 그 실패의 길을 더 이상 가지 않을 수 있는 지혜가 생긴 것이다. 실패는 성공의 어머니라고 했다. 실패를 두려워 말고, 당당히 도전해서 실패하자! 중요한 것은 그 이후의 성찰적 삶이다.

- fail　실패하다
- discover　발견하다
- failure　실패
- cause　야기하다, 발생하다

Keypoint

동명사(gerund)

Grammar

 동명사의 기능

동명사는 동사의 특성을 갖고 있으면서 품사적으로 명사 역할을 한다. 따라서 동사를 동명사로 만들 경우 동사의 특성으로 인해 보어나 목적어를 취할 수 있다. 또한 명사이기 때문에 문장에서 주어와 목적어, 보어 역할을 한다.

동명사 = 동사 + ing
해석 : ~하는 것, ~하기

(1) 주어와 목적어 역할

S + V + O
ⓝ　　ⓝ → 동명사도 가능

Reading books is my hobby.
　　　　S

I like **eating bread**
　　　　　　O

(2) 보어 역할

Seeing is **believing**.

The only thing that she likes is **reading books**.

(3) 전치사의 목적어 역할

전치사는 뒤에 명사, 대명사, 또는 명사 역할을 하는 동명사 등이 온다. 이때 전치사 뒤에 오는 명사 상당 어구를 전치사의 목적어라 부른다.

전치사 + 목적어
　　→ 명사, 동명사 등

I released the stress **by watching** movies.
I am good **at playing** the piano.

전치사 뒤 동명사와 명사의 자리 구분(TOEIC 기출 유형)
→ 전치사 뒤 동명사가 타동사일 경우 뒤에 목적어가 있어야 한다.

전치사 + 동명사(타동사) + 목적어(=명사)

* 다음 중 옳은 표현을 모두 고르시오.
① writing books
② the writing books
③ writing of books
④ the writing of books

정답 : ①, ④
① writing books에서 write가 타동사이기 때문에 목적어 books를 취해야 한다.
② 관사 the가 writing 앞에 붙음으로서 동사의 특성은 줄고, 명사적 특성이 강해져서 뒤에 바로 목적어를 취하지 못하고, 명사와 명사를 잇는 전치사가 필요하다.
　　[관사] + [동명사] = 명사적 특성 강화
③ writing은 동사적 성격이 더 강해서 목적어 대신 전치사가 오면 비문이 된다.
④ the writing of books는 명사와 명사의 만남이므로 중간에 전치사가 필
　　　명사 + 전치사 + 명사
요하다.

동명사의 의미상 주어 = 소유격 또는 명사

He doesn't like my going there.

I heard of your father coming back here.

2 동명사의 관용적 표현

- **be busy ~ing** : ~하느라 바쁘다

    I am busy preparing for the exam.

- **be worth ~ing** : ~할 가치가 있다

    This book is worth reading many times.

- **It is no use ~ing** : ~해야 소용없다

    It is no use talking to Jane.

- **There is no ~ing** : ~하는 것은 불가능하다

    There is no saying what will happen.

- **keep + 목적어 + from ~ing** : ~에게 ~을 못하게 하다

    The snow kept me from coming home.

- **feel like ~ing** : ~하고 싶다

    I feel like dancing with you tonight.

- **How (or what) about ~ing?** : ~하는 것이 어떠니?

    How about going to the movies?

    What about you?

- go ~ing : ~하러 가다

    They went shopping this morning.

- cannot help ~ing : ~하지 않을 수 없다

    여기에서 help는 '피하다'의 뜻으로 동명사만을 목적어로 취하는 동사가 된다.

    I cannot help laughing.

- On ~ing : ~하자마자

    On hearing the news, he began to cry.
    On arriving there, she called me on the phone.

3 동명사와 to 부정사의 비교

to 부정사는 동사에 가깝고, 동명사는 명사에 가깝다. 아래 표를 보면서 to 부정사와 동명사를 비교해 보자.

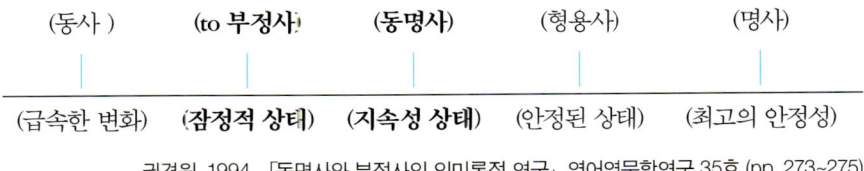

(동사)	(to 부정사)	(동명사)	(형용사)	(명사)
(급속한 변화)	(잠정적 상태)	(지속성 상태)	(안정된 상태)	(최고의 안정성)

권경원, 1994 , 「동명사와 부정사의 의미론적 연구」, 영어영문학연구 35호 (pp. 273~275)

동사에 가까운 to 부정사는 활동, 수행, 가능성 등을 의미하고, to의 전치사적 의미인 '~로' 향하는 방향적 의미를 나타낸다.

명사에 가까운 동명사는 이미 일어난 일을 나타내고 to 부정사보다는 정해진 지점을 의미한다.

to 부정사 : →

동명사 : ●

지금부터 to 부정사만을 목적어로 취하는 동사, 동명사만을 목적어로 취하는 동사, to 부정사와 동명사 모두를 목적어로 취하는 동사에 대해서 살펴보겠다.

(1) to 부정사 : 방향성, 변화가능성, 미래지향성

S	V	O
They	wish	keep my religion private.
	want	
	hope	
	expect	
	plan	
	promise	
	seek	
	decide	

동사에 따라 다른 표현방법

They	want	a snack.
They	hope	for a snack.
They	expect	a snack.
They	plan	to get a snack.
They	promise	to give a snack.
They	decided	to give a snack.

(2) 동명사 : 명사의 성격, 이미 정해진 것, 과거지향성

S	V	O	
I	will stop	smoking.	/ cf) I stop to smoke.
	finish		

give up
discontinue
enjoy
deny
mind(꺼리다)
avoid
help(피하다)

(3) to 부정사 동명사 둘 다를 목적어로 취하는 동사

love   start   continue   like
　　begin　　　　hate
(사랑을 시작하고 계속 하다보면 좋아지기도 하고, 싫어지기도 한다.)

I stopped to smoke. 나는 담배를 피우기 위해 (잠깐) 멈췄다.
I stopped smoking. 나는 담배 피는 것을 그만뒀다. (금연했다)

(4) 동명사 to부정사 모두 사용할 수 있으나 뜻이 달라지는 경우

* remember, forget, regret → to 부정사 : 미래,
　　　　　　　　　　　　　　동명사 : 과거

Remember to post the letter. (~해야 할 것을 기억하다)
He remembered meeting the elegant lady at the festival.
　　　　　　　　(~한 것을 기억하다)

He tried to grow tomatoes there. (~하려고 애쓰다)
He tried growing tomatoes there. (시험 삼아 ~해보다)

Story Book

　나는 아이들의 옷을 세탁해주고 그것들을 mend되도록 유지해줄 아내를 원한다. 나는 내 아이들에게 훌륭한 nurturing 시중들어주는 아내를 원한다. 그리고 아이들을 학교로 arrange 하고, peers와 adequate 사회생활을 하고 있는지 확인하고 아이들을 공원이나 동물원 등에 데려가 줄 아내를 원한다. 아이들이 아플 때 take care of 해주고, 아이들에게 특별한 보살핌이 필요할 때 아이들 곁에 있도록 arrange 해줄 아내를 원한다. 왜냐하면 물론 나는 학교에서 수업을 miss할 수 없기 때문이다. 나의 아내는 직장에서 근무시간을 lose 하도록 arrange 해야 하고 직장을 lose 해서는 안 된다. 그것은 아마도 내 아내의 income에 from time to time 약간의 삭감을 의미할지도 모른다. 그러나 내가 생각하기에 나는 그 정도는 tolerate 할 수 있을 것 같다. 말할 필요도 없이, 나의 아내는 일하는 동안 아이들을 돌보고 양육비를 낼 것이다.

I want a wife who will wash the children's clothes and keep them mended. I want a wife who is a good nurturing attendant to my children, who arranges for their schooling, makes sure that they have an adequate social life with their peers, takes them to the park and the zoo, etc. I want a wife who takes care of the children when they are sick, a wife who arranges to be around when the children need special care, because, of course, I cannot miss classes at school. My wife must arrange to lose time at work and not lose the job. It may mean a small cut in my wife's income from time to time, but I guess I can tolerate that. Needless to say, my wife will arrange and pay for the care of the children while my wife is working.

- Judy Syfers Brady 〈I want a wife〉

- mend 고치다, 수선하다
- arrange 정리하다, 살펴서 처리하다, 조절하다
- adequate 적절한
- miss 놓치다, 빠지다
- income 수입 (outgoing 지출, 비용, 사교적인)
- nurturing 양육하는 nurture 양육하다
- peer 또래 친구
- take care of 보살피다, 돌보다
- lose 줄이다, 잃다, 지다
- from time to time 때때로

Fill-in Puzzle Game

- 고치다
- 놓치다
- 또래
- 수입

- 정리하다
- 양육하다
- 적절한

TOEIC exercise

> **to 부정사만을 목적어로 취하는 동사**
>
> agree, choose, expect, hope, want, promise, seek, wish, decide, pretend, fail 등
>
> **동명사만을 목적어로 취하는 동사**
>
> enjoy, mind, avoid, give up, finish, deny, forgive, stop, discontinue 등

01 I want my wife _____ working.

   (1) quit　　　(2) quits　　　(3) to quit　　　(4) quitting

02 I want a wife arranges _____ around when the children need special care.

   (1) be　　　(2) is　　　(3) to be　　　(4) being

03 I stopped _____ so I am very healthy now.

   (1) smoke　　　(2) smoked　　　(3) to smoke　　　(4) smoking

04 He doesn't like _____ going there.

(1) I (2) my (3) me (4) mine

05 The only thing that she likes is _____ books.

(1) read (2) reads (3) reading (4) be read

06 He remembered _____ the elegant lady at the festival last month.

(1) meet (2) met (3) to meet (4) meeting

07 Remember _____ the letter tomorrow.

(1) post (2) posted (3) to post (4) posting

08 I cannot help _____.

(1) laugh (2) laughed (3) to laugh (4) laughing

09 This book is worth _____ many times.

(1) read (2) reads (3) to read (4) reading

10 I am busy _____ for the exam.

(1) prepare (2) prepared (3) to prepare (4) preparing

Tips for Learning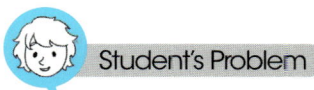

Student's Problem

저는 초등학교 때 영어 선생님께 심하게 혼난 적이 있는데, 그 이후부터 영어가 싫어졌어요. 영어를 다시 잘하고 싶은데 어떻게 해야 할까요?

Expert's Answer

영어를 잘하는 방법 중 하나는 영어 선생님을 좋아하면 됩니다. MBTI 성격 유형에 따르면 사람의 영향을 많이 받는 감정형(feeling)의 학습자에게는 영어 선생님과의 친분이나 교류가 영어의 성패를 좌우하는 중요한 요소가 됩니다. 선생님이 말하는 내용보다는 선생님의 태도에 더 영향을 받죠. 영어를 잘하고 싶다면 의식적으로 영어 선생님과 친분을 쌓고, 선생님을 좋아하면 영어도 자연스럽게 좋아지게 됩니다.

10 Healing

Today's Saying

Everyone thinks of changing the world,
but no one thinks of changing himself.

모든 사람들은 세상을 바꾸려고 생각하지만,
아무도 스스로 변화되려는 생각은 하지 않는다.

- Leo Tolstoy

to 부정사

세상은 변하지 않는다. 내 마음이 변하면 세상이 달리 보이게 된다. 누군가가 변화되길 원한다면 그것은 잘못된 생각이다. 내가 변하면 상대방도 변화된 나를 보고 달라지기 시작할 것이다. 세상을 옳고 그름의 시각으로 보면서 나의 잣대로 남을 판단하지 말고, 같고 다름의 시각으로 세상을 바라보면 나와 다른 타인을 이해할 수 있다. 자신을 먼저 바라보자. 모든 문제는 나로부터 시작된다.

- think of (좁은 범위의 주관적인 입장) ~에 대해서 생각하다
- think about (넓은 범위, 객관적 입장) ~에 대해서 생각하다

그러나 현대 영어에서는 거의 구분 없이 사용하는 추세다.

Keypoint

to 부정사(infinitive)

Grammar

to 부정사 = to + 동사 원형

부정사(不定詞)는 주어의 성, 수, 인칭에 따라 형태가 변하지 않는 부정형 동사(non-finite verb)라는 뜻이다. 따라서 to 부정사는 to 뒤에 항상 동사 원형이 온다. to 부정사는 문장 내에서 명사, 형용사, 부사의 역할을 한다.

1 명사적 용법

to 부정사가 문장에서 명사적 용법으로 쓰일 때는 주어, 목적어, 보어로 사용된다.

(1) 주어 역할

> To read this book is very difficult.
> To teach English is very different from knowing English.

to 부정사구가 길 경우, 가주어 it을 주어 자리에 놓는다.

> It is difficult to read this book.
> It is impossible to master English in a few months.

(2) 목적어 역할

> I want to have a Korean wife.
> Mike decided to learn Spanish.

to 부정사구의 목적어가 길 경우 가목적어 it을 놓을 수 있다.

I think it useless to make friends here.
He makes it a rule to take a walk everyday.

(3) 명사적 성격의 보어 역할

보어는 형용사와 명사가 가능하다. 이 보어가 형용사적 성격인지 명사적 성격인지는 의미로 파악한다. **명사**는 **지속적 의미**를 지니고, **형용사**는 **일시적 의미**를 지닌다. to 부정사의 명사 역할로서의 보어는 주어와 동격으로 해석하는 경우다.

The most important thing in your life is to know yourself.
Her ambition is to be a great counselor in the field of English learning strategies.

(4) 의문사 + to 부정사 : ~ 해야 할지

I can't decide whether to answer or not.
I don't know where to go.
She found out how to solve the problem.
He knows what to do.

2 형용사적 용법

to 부정사가 뒤에서 앞에 있는 명사를 수식하거나, 형용사적 성격의 보어로서 서술적 의미로 사용된다. 여기서 서술적 의미란 I am happy처럼 '행복하다'로 서술적으로 해석되는 것을 의미한다.

(1) 명사 수식

Please give me something to drink.
I have many friends to help me.

(2) 형용사적 성격의 보어 역할

He seems to be poor.
It proved to be true.

⟨be + to 부정사⟩

① 예정 : They are to meet at nine this morning.
② 의무 : You are to observe these rules.
③ 가능 : Not a man was to be seen.
④ 운명 : She was to die young.

목적격 보어로 쓰인 경우는 문법 학자의 시각에 따라 명사적 용법으로 보는 경우도 있고 형용사적 용법으로 간주하는 경우도 있다. 문법은 바라보는 관점에 따라서 달리 해석할 수 있음을 유의하자.

I want a wife to take care of my children.
I wish you to go.

③ 부사적 용법

to 부정사가 동사, 형용사, 부사 등을 수식할 때 문장에서 부사의 역할을 한다. 부사적 용법은 그 의미에 따라 목적, 이유, 결과, 조건 등으로 분류된다.

(1) 형용사 수식

This place is very **dangerous** to walk alone.
He is **reluctant** to get up this morning.
She was too **old** to do the job.

(2) 부사 수식

The glass window is strong **enough to withstand** strong winds.
He is not old **enough to solve** the problem.

(3) 목적 : ~하기 위해서

He came **to see** me this morning.
She went to Seoul in order **to meet** her boyfriend.

(4) 감정의 원인 : ~하니

I was surprised **to hear** the news.
I am glad **to see** you again.

(5) 논리적 판단의 근거 : ~을 보니

He must be a fool **to say** so.
She is silly **to trust** such a man.

(6) 결과 : ~해서 (그 결과) ~하다

Her father lived **to be** ninety-nine.
She grew up **to be** a famous singer.

(7) 조건 : ~한다면

I would be happy **to be** with you.
To hear her talk, you would consider her as a fool.

to 부정사의 **의미상 주어**는 〈for + 목적격〉으로 나타낸다. 단 타동사의 목적어로 쓰일 경우 for 없이 타동사 뒤에 바로 목적어가 올 수 있다.

It is impossible for you to be at the top of the class.
가주어   의미상주어   진주어

I told him to open the window.

I promise Jane to marry him.
나는 Jane에게 내가 그와 결혼할거라고 약속했다.

I persuade Jane to marry him.
나는 Jane이 그와 결혼하도록 Jane을 설득했다.

promise와 persuade처럼 동사의 성격에 따라 to 부정사의 의미상 주어의 해석이 달라지는 경우가 있으니 유의해야 한다.

관용어구로 쓰이는 to 부정사에는 다음과 같은 것들이 있다.

> to make matters worse 설상가상으로
> to begin with 우선
> to be honest with you 솔직히 말해서
> to tell the truth 사실을 말하자면

to 부정사와 동명사의 부정형은 to 부정사나 동명사 바로 앞에 not이나 never를 붙인다.

To be or not to be; that is the question.
I found someone not watching football.

Story Book

나는 나의 physical 필요를 돌봐줄 아내를 원한다. 나는 집을 깨끗이 치워줄 아내를 원한다. 내 아이들을 pick-up after 해줄 아내, 나도 pick-up after 해줄 아내를 원한다. 나는 내 옷을 깨끗하게 유지해주고, 다림질도 해주고, 수선해주고, 필요하면 replace 해줄 아내를 원한다. 그리고 내가 필요로 하는 바로 그 순간에 내가 필요한 것을 찾을 수 있도록 내 개인적인 물건들이 proper 장소에 있는지 see to it that 해줄 아내를 원한다. 나는 음식을 cook하고 훌륭한 cook인 아내를 원한다. 나는 아내가 식단을 짜고, 필요한 grocery 쇼핑을 하고, 음식을 준비하고, 그 음식들을 pleasantly 차리고, 내가 공부하는 동안에 설거지를 해줄 아내를 원한다. 내가 아플 때 나를 돌봐주고, 나의 pain과 학교에서 수업을 결석한 것에 대해 sympathize 해줄 아내를 원한다. 내가 휴식이 필요하고, 기분 전환이 필요할 때 나와 나의 아이들을 continue 돌봐주기 위해서 가족이 휴가를 갈 때 go along 해줄 아내를 원한다.

I want a wife who will take care of my physical needs. I want a wife who will keep my house clean. A wife who will pick-up after my children, a wife who will pick-up after me. I want a wife who will keep my clothes clean, ironed, mended, and replaced when need be, and who will see to it that my personal things are kept in their proper place so that I can find what I need the minute I need it. I want a wife who cooks the meals, a wife who is a good cook. I want a wife who will plan the menus, do the necessary grocery shopping, prepare the meals, serve them pleasantly, and then do the cleaning up while I do my studying. I want a wife who will care for me when I am sick and sympathize with my pain and loss of time from school. I want a wife to go along when our family takes a vacation so that someone can continue to care for me and my children when I need a rest and a change of scene.

- Judy Syfers Brady 〈I want a wife〉

- physical 육체적인
- replace 교체하다, 바꾸다
- see to it that ~하도록 신경 쓰다
- grocery 식료품점
- pain 고통
- continue 계속하다
- change of scene 기분전환, 환경의 변화

- pick-up after 따라 다니며 어질러 놓은 것을 치우다
- proper 적절한
- cook 요리하다, 요리사 (cf. cooker 요리기구)
- pleasantly 기쁘게
- sympathize 공감하다, 동정하다
- go along 따라가다

Puzzle Game

```
S F V E C N E G R E H P
Y P X N B H S P A I N Y
M U L B R T L V D T S H
P Y R E R T S J Y B L Y
A R L X A Q D R W A J U
T Y L O T S E X C B Y D
H C O O K C A I P J P R
I M G A O W S N X Z Z L
Z U E R V Y N B T V T Q
E O G B H S H J G L J K
E L O P P O M Q N Z Y C
G L L D A Z M S L J Q C
```

- 공감하다
- 식료품점
- 육체적인

- 기쁘게
- 요리사
- 고통

TOEIC exercise

> 다음은 〈to 부정사 + 전치사〉가 명사를 수식하는 형용사적 용법이다.
> Mike is a man to rely on.
> Give me something to write with. (pen)
> Bring her something to write on. (paper)

01 I want a wife _____ along when our family takes a vacation.

    (1) go   (2) going   (3) to go   (4) went

02 Mike is a man to _____.

    (1) rely   (2) rely on   (3) relying   (4) rely with

03 It is impossible _____ to be at the top of the class.

    (1) you   (2) your   (3) to you   (4) for you

04 This place is very dangerous _____ alone.

    (1) walk   (2) working   (3) to work   (4) worked

05 To begin _____, she is too old.

   (1) with (2) to (3) of (4) on

06 I was surprised _____ the news.

   (1) hear (2) hearing (3) to hear (4) heard

07 He is not _____ to solve the problem.

   (1) old enough (2) enough old (3) enough (4) older

08 I want a wife who cooks the meals, a wife who is a good _____.

   (1) cook (2) cooker (3) to cook (4) cooking

09 He is reluctant _____ up this morning.

   (1) get (2) getting (3) to get (4) to getting

10 I think it useless _____ friends here.

   (1) make (2) making (3) to make (4) to making

Tips for Learning

 Student's Problem

선생님 저는 성격상 딱딱 답이 떨어지는 것을 좋아합니다. 그런데 영어는 표현이 너무 모호하고 애매한 것이 많아서 공부하다 보면 답답할 때가 많습니다. 이 답답함을 어떻게 해결해야 할까요?

 Expert's Answer

영어와 한국어는 1 대 1 대응이 정확히 일치되지 않습니다. 영어에는 있고 한국어에는 없는 것도 있고, 그 반대의 경우도 많습니다. 그리고 한국과 영어권 나라는 문화가 다르기 때문에 100% 이해하기 어렵다는 것을 먼저 인정해야 합니다. 받아들이고 인정하는 순간부터 모호함에 대한 답답함을 해소할 수 있습니다. 딱딱 답이 나오는 것을 선호한다면 문법이나 발음 규칙을 먼저 배우고, 미묘한 표현은 나중에 배워도 됩니다. 영어를 잘하기 위해서는 모호함을 받아들이는 자세가 필요합니다. 이를 전문용어로 모호성에 대한 관용(tolerance of ambiguity)라고 하여 성공적인 영어 학습을 위한 조건 중 하나라고 영어교육 전문가들은 말합니다.

Healing 11

Today's Saying

Three sentences for getting success
  1. know more than other
  2. work more than other
  3. expect less than other

성공을 얻기 위한 세 가지
  1. 다른 사람보다 더 많이 알 것
  2. 다른 사람보다 더 열심히 일할 것
  3. 다른 사람보다 기대를 더 적게 할 것

- William Shakespeare

분사

다른 사람과 똑같이 해서는 성공할 수 없다. 다른 사람보다 더 열심히 공부해서 더 많은 것을 알아야 하고, 그만큼 더 열심히 노력해야 한다. 그러나 기대를 많이 하면 스스로 실망하기 때문에 마음을 비우는 연습을 해야 한다.

- more than　~이상, ~보다 더
- less than　~이하, ~보다 덜

Keypoint

분사(participle), 현재분사(present participle), 과거분사(past participle)

Grammar

1 현재분사와 과거분사

분사란 절(접속사+주어+동사)을 짧게 구로 만든 것이라고 할 수 있다. 분사에는 현재분사와 과거분사가 있다. 특히 현재분사의 형태가 동명사와 같아서 혼동할 수 있으니 유의하자. 분사는 형용사 역할을 한다. 따라서 현재분사와 과거분사는 명사를 수식하거나 보어(주격 보어, 목적격 보어)로 쓰인다. 현재분사는 능동이나 진행의 의미를 나타내고, 과거분사는 수동이나 완료의 의미를 지닌다.

분사 ─┬─ 현재분사 : V~ing 능동, 진행
　　　 └─ 과거분사 : V~ed 수동, 완료

(1) 현재분사 : 형용사 역할, 명사 수식. 능동·진행의 의미
　　　　　　〈~하고 있는, ~하는〉으로 해석

　　A rolling stone gathers no moss.
　　Where do you meet your running partner?

현재분사는 〈관계대명사 + be 동사〉가 생략된 형태라고도 할 수 있다.

　　Do you know the girl standing at the station?
　　Do you know the girl (who is) standing at the station?

(2) 과거분사(past participle) : 형용사 역할, 명사 수식.

과거분사	자동사의 과거분사	완료의 의미	(이미) ~한
	타동사의 과거분사	수동의 의미	~된, ~당한

Look at the **fallen** leaves. (자동사)
He is a **retired** police officer. (타동사)

과거분사도 〈관계대명사 + be 동사〉가 생략된 형태라고 할 수 있다.

I got a letter **written** in Spanish.
I got a letter (which **was**) **written** in Spanish.

2 한정적 용법과 서술적 용법

분사는 형용사의 기능을 하므로 명사를 수식하는 한정적 용법과 보어의 역할을 하는 서술적 용법으로 나뉜다.

(1) 한정적 용법

위 (1)에서 다룬 현재분사와 과거분사는 명사를 수식하는 기능을 하므로 한정적 용법이다. 능동의 의미인 **현재분사**는 주로 **사람을 수식**하고, 수동의 의미인 **과거분사**는 주로 **사물을 수식**한다. 그러나 의미상 **수동**이라면 **과거분사도 사람을 수식**할 수 있다. 다음의 예문을 통해 확인해 보자.

He is the most **boring** speaker that I have ever heard.
Look at the baby **sleeping** in the cradle.
Fallen leaves covered the street.
The newly **appointed** chairperson has ability and experience.

Of those invited, only a few came to the party.

The book ordered online arrived one week later.

(2) 서술적 용법 : 주격보어와 목적격 보어로 쓰이는 경우

□ **주격보어**

I am bored.

You feel tired all the time.

She seemed pleased with my present.

The movie is very boring.

〈be 동사 + V~ing〉의 형태를 진행형이라고 한다. '~하고 있는 중이다'로 해석

He is swimming in the pool.

□ **목적격 보어**

지각동사(feel, see, taste, hear 등)의 목적격 보어가 능동의 의미일 경우 현재분사가 올 수 있다.

I hear her playing the guitar.

He saw his girlfriend singing a song.

지각동사나 사역동사(make, have, let)의 목적격 보어가 수동의 의미일 경우 과거분사가 올 수 있다.

She heard her name called.

I had my clothes mended.

So-young had her bag stolen.

3. 분사 구문 만들기

(1) 절(접속사 + S + V) → 분사 구문

① 접속사 삭제(접속사 의미가 혼동될 경우 접속사를 남겨 놓을 수 있다)
② 주어 삭제(주절의 주어와 종속절의 주어가 다를 경우 주어를 남겨 놓아야 한다)
③ 주절의 시제와 일치하는지 확인
④ 동사 원형 + ing

1. As I felt very tired, I stayed at home last night.
   → Feeling very tired, I stayed at home last night.
2. As I have no money, I can not buy the new bag.
   → Having no money, I can not buy the new bag.
3. If you study hard, you will pass the exam.
   → Studying hard, you will pass the exam.

* 때나 조건을 나타내는 부사절은 현재가 미래를 대신한다.

(2) 분사 구문 → 절(접속사 + S + V)

① 접속사 넣기 (해석 후 적절한 접속사를 넣는다)
② 주어 넣기 (주절의 주어 확인)
③ 주절의 시제 확인 후 주절의 시제와 같은 시제의 동사 넣기

1. Biting the poisoned apple, she collapsed to the ground.
   → When she bit the poisoned apple, she collapsed to the ground.
2. It being fine, we went on a picnic.
   → As it was fine, we went on a picnic.
3. Not having enough money to buy new shoes, he decided to wear old ones.
   → Since he didn't have enough money to buy new shoes, he decided to wear old ones.

Story Book

나는 아내의 duty에 대해서 rambling 불평으로 나를 bother 하지 않을 아내를 원한다. 그러나 내가 공부하다가 come across한 다소 어려운 점들에 대해 설명할 필요를 느낄 때 내 말을 잘 들어줄 아내를 원한다. 그리고 내가 과제물을 작성할 때 나를 위해서 타이핑을 해줄 아내를 원한다. 내 사회생활의 detail한 부분까지 챙겨줄 아내를 원한다. 아내와 내가 친구들에게 초대를 받았을 때 아이들을 돌보는 arrangement를 처리해줄 아내를 원한다. 학교에서 내가 좋아하는 사람들을 만나서 entertain하고 싶을 때, 집을 청소해주고, 특별한 음식을 준비해주고, 그것을 나와 내 친구에게 차려주고, 나와 내 친구가 관심 있는 것들에 대해 이야기 할 때 interrupt 하지 않을 아내를 원한다.

I want a wife who will not bother me with rambling complaints about a wife's duties. But I want a wife who will listen to me when I feel the need to explain a rather difficult point I have come across in my course of studies. And I want a wife who will type my papers for me when I have written them. I want a wife who will take care of the details of my social life. When my wife and I are invited out by my friends, I want a wife who will take care of the baby-sitting arrangements. When I meet people at school that I like and want to entertain, I want a wife who will have the house clean, will prepare a special meal, serve it to me and my friends, and not interrupt when I talk about things that interest me and my friends.

∙ ∙ ∙ ∙ ∙ ∙ ∙ ∙ ∙ ∙ ∙

- bother 방해하다, 괴롭히다
- come across 우연히 마주치다
- arrangement 정돈, 배열, 준비
- interrupt 방해하다, 끼어들다, 중간에 말을 가로채다
- rambling 이것저것, 두서없는
- detail 세부, 세세한 것, 자세한 것
- entertain 대접하다, 기쁘게 하다

아이들이 우리를 bother 하지 않도록 하기 위해서 아이들을 먹이고 나의 손님이 도착하기 전에 아이들을 재울 준비를 해줄 아내를 원한다. 손님들이 comfortable 느끼도록 그들이 원하는 것을 살펴주고, ashtray가 있는지, hors d'oeuvres를 먹었는지 음식의 second helping을 권했는지, 필요할 때 와인 잔이 replenish 되었는지, 그들이 마시고 싶을 때 커피가 제공되었는지 확인해줄 아내를 원한다. 그리고 때때로 내가 홀로 외박하는 것이 필요하다는 것을 알 아내를 원한다.

I want a wife who will have arranged that the children do not bother us. I want a wife who will take care of the needs of my guests so that they feel comfortable, who makes sure that they have an ashtray, that they are passed the hors d'oeuvres, that they are offered a second helping of the food that their wine glasses are replenished when necessary, that their coffee is served to them as they like it. And I want a wife who knows that sometimes I need a night out by myself.

- Judy Syfers Brady 〈I want a wife〉

- comfortable 편안한
- ashtray 재떨이
- hors d'oeuvres[ɔːrdəːrv] 전채요리, 식욕을 돋우기 위해 식사 초시에 나오는 요리
- replenish 다시 채우다

 **Bingo Game**

- bother 방해하다, 괴롭히다
- come across 우연히 마주치다
- arrangement 정돈, 배열, 준비
- interrupt 방해하다, 끼어들다, 중간에 말을 가로채다
- comfortable 편안한
- hors d'oeuvres[ɔːrdəːrv] 전채요리, 식욕을 돋우기 위해 식사 초시에 나오는 요리
- replenish 다시 채우다
- rambling 이것저것, 두서없는
- detail 세부, 세세한 것, 자세한 것
- entertain 대접하다, 기쁘게 하다
- ashtray 재떨이

TOEIC exercise

> **분사의 관용어구**
>
> regarding : ~에 관하여 (전치사로 쓰임)
> considering : ~을 고려하면 (전치사로 쓰임)
> supposing : 만일 ~ 한다면 (접속사 역할)
> provided : 만일 ~ 한다면 (접속사 역할)

01 I want a wife who will not bother me with _____ complaints.

(1) ramble   (2) rambling   (3) rambled   (4) to ramble

02 And I want a wife who will type my papers for me when I have _____ them.

(1) write   (2) writing   (3) written   (4) to write

03 My wife and I are _____ out by my friends.

(1) invite   (2) inviting   (3) invited   (4) to invite

04 Of those _____, only a few came to the party.

(1) invite   (2) inviting   (3) invited   (4) to invite

05 The newly _____ chairperson has ability and experience.

(1) appoint (2) appointing (3) appointed (4) to appoint

06 The movie is very _____.

(1) bore (2) boring (3) bored (4) to bore

07 She heard her name _____.

(1) call (2) calling (3) called (4) to call

08 The book _____ online arrived one week later.

(1) order (2) ordering (3) ordered (4) to order

09 He is _____ in the pool.

(1) swim (2) swimming (3) swum (4) to swim

10 Not _____ enough money to buy new shoes, he decided to wear old ones.

(1) have (2) having (3) had (4) to have

Tips for Learning

 Student's Problem

선생님 저는 영어 단어 외우는 것에 질려서 영어를 포기했어요. 학교 다닐 때 빼빼하게 틀린 단어를 가득 적으라고 했었는데 이런 방법이 정말 효과가 있나요? 단어가 외워지지 않는데, 단어가 술술 외워지는 방법은 없을까요?

 Expert's Answer

내향적인 학습자는 쓰면서 외우는 것을 선호하고, 외향적인 학습자는 소리를 들으면서 따라서 말하면서 학습하는 것이 더 효과적입니다. 이번 시간에는 어원을 통한 어휘 학습 방법을 알려줄게요. 어원을 알면 단어가 왜 이런 뜻이 되는지 알게 됩니다.

scale   원래 고유의 뜻은 물고기의 비늘이란 뜻이다. 물고기의 비늘은 일정한 간격으로 있다. 이런 일정한 간격의 이미지를 생각해서 다른 뜻으로 확대해 보자.

scale   저울. 저울의 눈금을 보자. 눈금이 일정한 간격으로 있다.

scale   치아를 스케일링 할 때 치아를 보면 가지런히 일정한 간격으로 치아가 있다.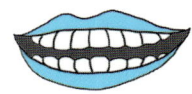

escalator   백화점에 가면 있는 에스컬레이터를 보면 단계적으로 계단이 일정한 간격으로 있다.

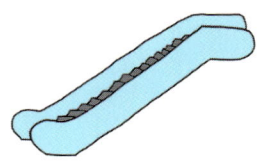

fin   물고기의 지느러미, 물고기의 지느러미는 물고기의 맨 끝에 가장자리에 있다.
fin   그래서 끝(end)이라는 뜻이 있다.
finish   끝내다
final   마지막의
finite   끝이 있는, 유한한
infinite   (부정 접두사 in~을 붙여서) 끝이 없는, 무한한

~plic~   접다
explicit   ex는 '밖으로'라는 뜻이다. 밖으로 접어서 다 보이게 만들다. 명백한, 솔직한, 숨김없는
implicit   im은 in에서 나온 '안으로'라는 뜻이다. 안으로 접어서 보이지 않게 만든다. 함축적인, 내재하는, 묵시적인, 암시적인
complicate   com은 '함께, 여럿이'라는 뜻이다. 여러 번 접어서 복잡하게 만들다. 복잡한
duplicate   du는 '둘'이란 뜻이다. 둘로 접어서 반을 똑같이 나누다. 복사의, 중복의, 이중의, 똑같은

port   항구
export   항구 밖으로 배를 보내는 것은 과거에 수출이었다. 수출하다.
import   항구 안으로 배가 들어오는 것은 물건을 수입하는 것이다. 수입하다.

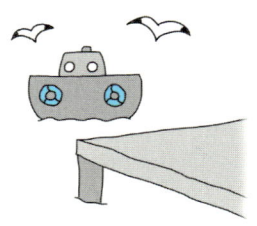

transport   trans는 '바꾸다, 옮기다'라는 뜻으로 항구에서 항구로 전하다. 수송하다, 나르다.
airport   공항

12 Healing

Today's Saying

If you can not love the person whom you see, how can you love God, whom we can not see.

만일 당신이 눈에 보이는 사람을 사랑할 수 없다면, 어떻게 보이지 않는 신을 사랑할 수 있겠는가.

- Mother Teresa

가 정 법

　　Teresa 수녀는 1950년 인도에 사랑의 선교회를 설립하고 45년간 가난한 사람과 고아, 죽어가는 사람들을 위해 헌신했다. 1970년대 인도주의자로 세계에 알려졌고, 1979년 노벨평화상을 수상했다. 당시 그녀는 "저는 우리 가난한 사람들을 위해 청빈을 선택합니다. 그러나 배고프고 벌거벗고 집이 없으며 신체에 장애가 있어 사회로부터 돌봄을 받지 못하고 거부당하며 사랑받지 못하며 사회에 짐이 되고 모든 이들이 외면하는 사람들의 이름으로 이 상을 기쁘게 받습니다."라고 했다. 보이지 않는 것을 더 소중히 생각하는 그녀의 마음처럼 우리도 아무도 모르게 베풀었을 때의 기쁨을 만끽할 줄 아는 사람이 되길 바란다.

- person　사람
- whom　관계대명사 목적격(선행사가 사람일 경우)

Keypoint

가정법(subjunctive mood)

Grammar

가정법은 상상, 가정, 소망, 의심, 요구, 제안 등 주관적인 감정으로 말하는 동사의 형식을 말한다.

1 가정법 현재

주요명제 + that S (should) V : ~해야 한다고 주요명제하다.
주장, 요구, 명령, 제안

(1) S + 주장, 요구, 명령, 제안 동사 + that + S + (should) V

S + urge, insist, order, advise, recommend, suggest, ask, demand, require, request + that + S + (should) V~

주장(urge, insist), 요구(ask, demand, require, request), 명령(order), 제안/충고/권고(advise, recommend, suggest)의 뜻을 가진 동사, 형용사, 명사가 있으면, 이어지는 that절 속의 동사는 해석한 후 that 절의 내용이 '~해야만 한다'라는 의미가 되면 should가 생략되어 있기 때문에 동사 원형이 와야 한다. TOEIC 단골 문제이니 반드시 암기하자.

He insisted that they be on equal terms as representatives of the two countries.

She suggested that they enter into negotiations as equals.

* enter into: (조약 등)을 맺다, ~에 참가하다

Eric insists that the company install the safety facility without any further delay.

그러나 해석 시 that 이하의 내용이 '~해야 한다'가 아니라 사실을 진술했을 경우 주절과 시제일치를 시켜줘야 한다.

> His father **insisted** that his son **was** not there this morning.
> 그의 아버지는 그의 아들이 오늘 아침 그곳(범죄현장)에 없었다는 사실을 주장했다.
> She **insisted** that Jane **would** not go.
> Jane이 가지 않을 것이라는 사실을 다른 사람에게 주장하는 상황
> cf〉 She **insisted** that Jane not **go**.
> Jane이 가지 말아야 한다고 마음속 바람을 실어서 Jane에게 주장하는 상황

(2) It is + 판단형용사 + that 주어 + (should) V~

It is + essential, necessary, important, imperative, inevitable, mandatory, urgent, vital, natural, advisable, desirable + that + S + (should) V~

이성적으로 판단해보니 '~해야만 한다'고 말하는 것이기 때문에 that절에서 should 가 생략된 형태로 동사원형을 쓴다.

> It is **essential** that he **be** here by tomorrow morning.
> It is **imperative** that every staff member **work** overtime.

② 가정법 과거

가정법 과거는 **현재 사실의 반대**가 되는 일을 가정하여 말할 때 쓰인다. '가정법 과거'라는 표현단 알고 있으면 가정법 과거를 만드는 공식을 자연스럽게 암기할 수 있다.

가정법(if절에서) 과거(동사의 형태가 과거)	주절은 과거형 조동사
If+S+v~ed(were)	S+would(should, could, might)+V
만일 ~라면	~할 텐데

If I were a bird, I could fly to you.

If I were rich, I could buy a house.

If I knew her address, I would tell you.

If you came tomorrow, we would have more time to talk.

구어체의 경우 If절의 동사가 were, had 일 경우 If가 생략되고, 주어와 동사가 도치되기도 한다.

Were I a bird, I could fly to you.

 가정법 과거완료

가정법 과거완료는 과거 사실의 반대되는 것을 가정하는 경우 쓰인다.

가정법(if절에서) 과거완료(had+pp)	주절은 과거형 조동사+완료(have+pp)
If+S+had+p·p	S+would(should, could, might)+have+p·p
만일 ~했더라면	~했을 텐데

If we had gone by taxi, we would have saved time.

If he had not fallen in love, he might have passed the exam.

→ Had he not fallen in love, he might have passed the exam.

  (If 생략, 주어 동사 도치)

What would have happened if I hadn't smelled gas?

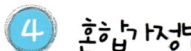
혼합가정법

혼합가정법은 가정법 과거와 가정법 과거완료가 혼합된 형태다. 과거 사실에 반대되는 가정·상상의 결과가 현재에 영향을 미칠 때 사용한다.

If절 : 가정법 과거완료	주절 : 가정법 과거
가정법(if절에서) 과거완료(had+pp)	주절은 과거형 동사
If+S+had+p·p	S+would(should, could, might)+V
만일 ~했더라면	~할 텐데
과거 사실의 반대	현재 사실의 반대

If you had studied hard, you could pass the test.

If she had taken the doctor's advice, she might still be alive.

If he had not bought the expensive car, he would have a lot of money now.

Story Book

만일 by chance 내가 이미 있는 아내보다 더 suitable한 또 다른 사람을 찾는다면, 나는 현재의 아내를 새로운 아내로 replace할 liberty를 원한다. naturally 나는 신선하고 새로운 삶을 기대할 것이다. 나의 아내는 아이들을 데려가고 solely 아이들에 대한 responsible을 져야 한다. 그래야 내가 자유롭게 남겨질 것이다.

내가 학교를 be through with 하고 직장을 갖게 되면, 나는 내 아내가 아내의 duty를 더 온전히 completely 할 수 있도록 하기 위해서 일을 quit 하고, 집에 remain 하길 원한다.

If, by chance, I find another person more suitable as a wife than the wife I already have, I want the liberty to replace my present wife with another one. Naturally, I will expect a fresh, new life; my wife will take the children and be solely responsible for them so that I am left free.

When I am through with school and have a job, I want my wife to quit working and remain at home so that my wife more fully and completely take care of a wife's duties.

- Judy Syfers Brady 〈I want a wife〉

- by chance 우연히
- replace A with B A를 B로 바꾸다
- naturally 자연스럽게, 당연히
- be responsible for ~에 책임지다 (=assume responsibility for)
- be through with ~을 끝내다
- completely 완전히, 완벽하게
- suitable 적합한, 적당한
- liberty 자유
- solely 혼자서
- duty 임무, 의무
- remain 남다

Jumble Game

1. TANRYALUL .... _____

2. EACLERP .... _____

3. CPLMEEOTLY .... _____

4. DRAYAEL .... _____

5. TASLEUBI .... _____

6. LIONBSPESRE .... _____

TOEIC exercise

가정법 과거 : If+S+V~ed(were), S+would(should, could, might)+V
가정법 과거완료 : If+S+had+p·p, S+would(should, could, might)+have+p·p

01 I want my wife to quit _____.

(1) work　　　(2) working　　(3) to work　　(4) worked

02 I am through _____ school and have a job.

(1) with　　　(2) on　　　　(3) to　　　　(4) of

03 If she _____ the doctor's advice, she might still be alive.

(1) take　　　(2) takes　　　(3) have taken　(4) had taken

04 Had he not fallen in love, he might _____ the exam.

(1) pass　　　(2) passes　　(3) have passed　(4) had passed

05 If I _____ rich, I could buy a house.

(1) am　　　　(2) be　　　　(3) was　　　　(4) were

06 He insisted that they _____ on equal terms as representatives of the two countries.

   (1) are   (2) be   (3) were   (4) have been

07 His father insisted that his son _____ not there this morning.

   (1) is   (2) be   (3) was   (4) have been

08 It is imperative that every staff member _____ overtime.

   (1) work   (2) working   (3) to work   (4) worked

09 What would _____ if I hadn't smelled gas?

   (1) happen   (2) happening
   (3) have happened   (4) had happened

10 If you _____ tomorrow, we would have more time to talk.

   (1) come   (2) came   (3) have come (4) had come

Tips for Learning

 **Student's Problem**

현재 친구들과 그룹 스터디를 하고 있는데요, 공부는 안하고 수다만 떨다가 끝나버리곤 해요. 어떻게 해야 스터디를 잘 활용해서 영어를 잘 할 수 있을까요?

 Expert's Answer

영어를 혼자서 공부하기엔 어려움이 많죠. 그래서 TOEIC 스터디를 많이 합니다. 효과를 본 사람들도 많습니다. 그러나 스터디를 잘 운영해야 합니다. 자칫 잘못하다 간 공부는 안하고 놀고 수다 떨다가 흐지부지 되기 십상이죠. 먼저 스터디 규칙을 세우고, 지각이나 발표 준비를 소홀히 할 경우 벌금 등 벌칙을 정하고 반드시 지키도록 스터디 멤버들과 합의를 봅니다. 친한 친구들과 어쩔 수 없이 공부가 안된다면 잘 모르는 사람들과 스터디를 해보세요. 인터넷 상에서 TOEIC 스터디를 결성해 열심히 공부하는 사람들이 현재도 무수히 많습니다. TOEIC이 취업이나 졸업 시 우리의 발목을 잡지 않도록 미리미리 다양한 학습 방법을 시도하면서 내게 맞는 방법을 찾아서 준비하길 바랍니다.

GAME 및 TOEIC 정답

 02. Puzzle Game

```
L W S V N W N Z A H B N A R T
B R O W B E Y H X E U C D M Y
D Q O F T A G S S A G R M K D
L Z W S F U N I L Y R W I T E
V H A Z O M T K A S E I N N G
C T S O A R B B R C E X I M R
F V E J E S K C C U T O S P E
G U I V L E D Z W S P W T P E
L I D V J K A B Z T Z T R C S
E A F W Q O G G V O N Q A M P
W T P P C U W E D M M R T N C
J J P M W F A N G E Y B I J U
W I R E P L I O M R N Z O F A
L E R O N Q H E G U S O N Q O
C W D M W F V G N L P M J O L
```

ADVERTISE   DEGREE   TASTE
CUSTOMER   OWN   BANKRUPT
ADMINISTRATION   GREET

03. Crossword Puzzle

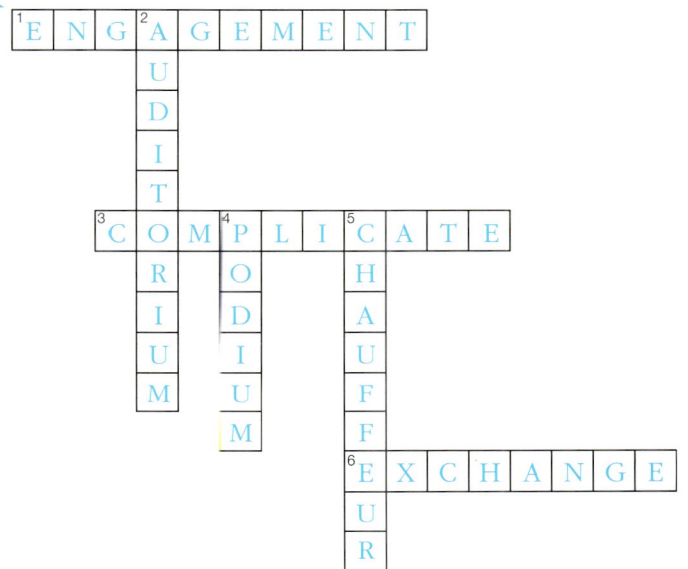

04. Letter Scramble

1. ENTRLE   RELENT
   누그러지다
2. IOLGCLAOBI   BIOLOGICAL
   생물학적인
3. NDEWU   UNWED
   미혼의
4. DATPNOOI   ADOPTION
   입양
5. SUREEF   REFUSE
   거절하다
6. CXUNEPDTEE   UNEXPECTED
   예기치 않은

GAME 및 TOEIC 정답

p.160 08. Matching Game

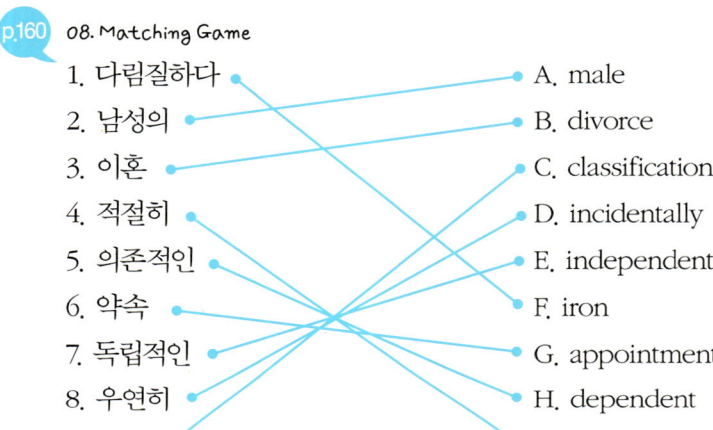

1. 다림질하다 — F. iron
2. 남성의 — A. male
3. 이혼 — B. divorce
4. 적절히 — I. properly
5. 의존적인 — H. dependent
6. 약속 — G. appointment
7. 독립적인 — E. independent
8. 우연히 — D. incidentally
9. 분류 — C. classification

p.174 09. Fill-in Puzzle Game

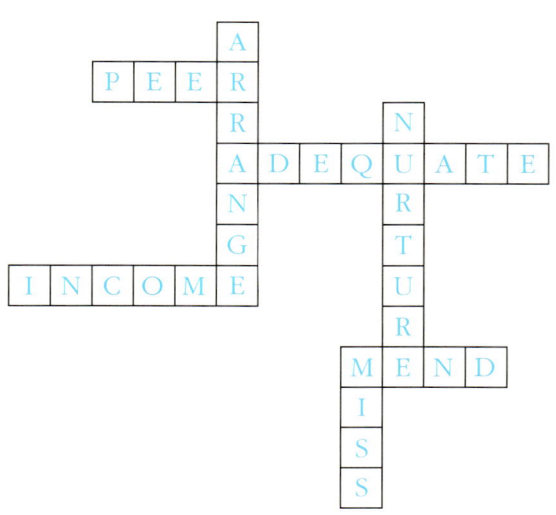

MEND   ARRANGE   MISS   NURTURE
PEER   ADEQUATE   INCOME

p.188 10. Puzzle Game

```
S F V E C N E G R E H P
Y P X N B H S P A I N Y
M U L B R T L V D T S H
P Y R E R T S J Y B L Y
A R L X A Q D R W A J U
T Y L O T S E X C B Y D
H C O O K C A I P J P R
I M G A O W S N X Z Z L
Z U E R V Y N B T V T Q
E O G B H S H J G L J K
F L O P P O M Q N Z Y C
G L L D A Z M S L J Q C
```

SYMPATHIZE   PLEASANTLY   GROCERY
COOK   PHYSICAL   PAIN

p.216 12. Jumble Game

1. TANRYALUL   NATURALLY
   당연히

2. EACLERP   REPLACE
   바꾸다

3. CPLMEEOTLY   COMPLETELY
   완전히

4. DRAYAEL   ALREANDY
   이미

5. TASLEUBI   SUITABLE
   적당한

6. LIOBSPESRE   RESPONSIBLE
   책임있는

TOEIC 정답

p.54 02. TOEIC exercise
1 (4) 2 (2) 3 (5) 4 (1) 5 (3) 6 (5) 7 (5) 8 (5) 9 (2) 10 (5)

p.71 03. TOEIC exercise
1 (1) 2 (4) 3 (3) 4 (1) 5 (3) 6 (1) 7 (3) 8 (3) 9 (4) 10 (4)

p.89 04. TOEIC exercise
1 (2) 2 (3) 3 (3) 4 (1) 5 (4) 6 (1) 7 (2) 8 (4) 9 (4) 10 (3)

p.111 05. TOEIC exercise
1 (3) 2 (3) 3 (1) 4 (2) 5 (4) 6 (4) 7 (3) 8 (3) 9 (4) 10 (2)

p.130 06. TOEIC exercise
1 (3) 2 (1) 3 (3) 4 (1) 5 (2) 6 (2) 7 (1) 8 (2) 9 (4) 10 (3)

p.145 07 TOEIC exercise
1 (3) 2 (4) 3 (1) 4 (4) 5 (3) 6 (1) 7 (2) 8 (4) 9 (1) 10 (2)

p.161 08. TOEIC exercise
1 (1) 2 (3) 3 (2) 4 (4) 5 (1) 6 (3) 7 (3) 8 (4) 9 (4) 10 (4)

p.175 09. TOEIC exercise
1 (3) 2 (3) 3 (4) 4 (2) 5 (3) 6 (4) 7 (3) 8 (4) 9 (4) 10 (4)

p.189 10. TOEIC exercise
1 (3) 2 (2) 3 (4) 4 (3) 5 (1) 6 (3) 7 (1) 8 (1) 9 (3) 10 (3)

p.203 11. TOEIC exercise
1 (2) 2 (3) 3 (3) 4 (3) 5 (3) 6 (2) 7 (3) 8 (3) 9 (2) 10 (2)

p.217 12. TOEIC exercise
1 (2) 2 (1) 3 (4) 4 (3) 5 (4) 6 (2) 7 (3) 8 (1) 9 (3) 10 (2)